Holger Volland

Overload

Holger Volland ist Medien- und Digitalexperte. Er ist CEO des Wirtschaftsverlags brand eins in Hamburg und schreibt als Autor zu den Themen Transformation, Medienentwicklung, Digitalisierung und Künstliche Intelligenz. Als Keynote-Speaker und Dozent findet man ihn unter anderem bei Bits & Pretzels, St. Gallen, Goethe-Institut, DLD, Art Directors Club, SXSW, Frankfurter Buchmesse. Er engagiert sich bei Z-Inspection, dem interdisziplinären Wissenschaftsnetzwerk für vertrauenswürdige Künstliche Intelligenz und als Advisory Board Member der Sonophilia Foundation.

Holger Volland

Overload

Die KI-Medienflut kommt. Was ist noch echt, was Fake?

brand eins books

Inhalt

Für Erik.

Die Flut kommt

Am Anfang dieses Buches stand eine Zahl. «Ein Europol-Bericht aus dem Jahr 2022 schätzt, dass bis zum Jahr 2026 etwa 90 Prozent der Online-Inhalte durch KI generiert werden könnten.» So las ich im KI-Report «Ghost in the Machine» des Norwegian Consumer Council. Wow. Neun von zehn Inhalten. Bis 2026. Das war ja quasi morgen. Mein Interesse war geweckt. Denn ich habe als Medienmacher natürlich auch ein wirtschaftliches Interesse an der Frage, wie die Landschaft von Inhalten und Medien zukünftig geprägt ist. Auch als Buchautor beschäftige ich mich zudem schon lange mit digitalen Entwicklungen, besonders den Fähigkeiten, die wir KI zuschreiben.

Ich suchte nach ähnlichen Vorhersagen, und die Zahl begegnete mir immer wieder. Auch in der einflussreichen US-amerikanischen Tageszeitung New York Times, die sich ebenfalls auf die europäische Polizeibehörde Europol und deren Deepfake-Report bezog. Andere Medien griffen die 90 Prozent auf und gaben wahlweise Europol, die New York Times oder den Norwegian Consumer Council als Quellen an. Alle drei sind schließlich Institutionen mit einer hohen Vertrauenswürdigkeit, sprich: seriöse Quellen. Im Laufe der Recherche kamen weitere Medien hinzu. Die angesehene Fachzeitschrift Nature schrieb: «Wissenschaftler gehen davon aus, dass etwa 90 Prozent aller Internetinhalte innerhalb weniger Jahre synthetisch sein könnten», und verwies auf ein Academic Paper namens «The Age of Synthetic Realities», dieses wiederum hatte die Zahl übernommen aus dem «Synthetic Reality & Deep Fakes Impact on Police Work Report» für das European Network of Law Enforcement Technology Services. Dort stand die Zahl mit dem Hinweis «Experts believe …», aber gänzlich ohne Quellenangabe. Eine Sackgasse. Ebenfalls tauchte die Zahl in einem Briefing des European Parliamentary Research Service für das Europäische Parlament auf, das wiederum auf den Europol-Report verwies. Also: Zurück auf Anfang.

Viele Artikel, die sich letztlich auf eine einzige Quelle bezogen. Ich beschaffte mir den Europol-Report und fand dort als Quelle für die 90 Prozent das Sachbuch «Deepfakes: The Coming Infocalypse» von Nina Schick aus dem Jahr 2020. Tatsächlich gibt es darin ein Interview mit dem Gründer eines Start-ups für generative Medien, Synthesia. Schick schreibt über das Gespräch mit ihm: «He believes that synthetic video may account for up to 90 per cent of all video content in as little as three to five years.»

Ein einziger Mensch, noch dazu der Besitzer einer Firma, die mit synthetischen Medien ihr Geld verdient, mutmaßt also, dass 90 Prozent der *Videos* im Netz drei bis fünf Jahre nach dem Erscheinen des Buches in 2020 synthetisch sein könnten. Und das ist nun die Expertenquelle, auf die sich ein riesiges Zitate-Netzwerk, darunter Nature, Europol, Sicherheitsbehörden, die EU-Kommission, wissenschaftliche Papiere oder die New York Times berufen?

Nun werden Sie sich zu Recht fragen, warum ich dennoch ein ganzes Buch über dieses Thema geschrieben habe, obwohl doch anscheinend die einzige relevante Datenquelle gar nicht belastbar ist? Das genau ist ein Grund für dieses Buch: unser Glaube an Medieninhalte, Quellen, Experten und Zitate. Und meine Überzeugung, dass dieser Glaube schon heute öfter enttäuscht wird – wie bei meiner Recherche. In naher Zukunft aber wird er unglaublich stark strapaziert werden. Denn egal, ob es 90 oder nur 30 Prozent sind: Viele Inhalte, Videos, Nachrichten, Texte, ja sogar Personen werden in Zukunft synthetisch oder zumindest teilweise maschinell hergestellt sein. Dadurch wird es noch schwerer werden, die Originalquellen zu finden, als dies bei meiner Recherche der Fall war. Und es wird noch schwerer, diesen Quellen zu glauben. Es ist also an der Zeit, unser Vertrauen in Medien einem Aktualitäts-Check zu unterziehen. Ist es noch gerechtfertigt? Und falls es in Gefahr ist, wie können wir es wiederherstellen?

Der zweite Grund liegt in der Zahl 90 Prozent selbst. Es ist kein Wunder, dass alle diese Quellen bereitwillig auf sie hereingefallen sind. Bereits nach kurzen eigenen Recherchen erscheint sie mir womöglich sogar zu niedrig. Ein Experte des Copenhagen Institute for Future Studies wurde zitiert mit: «In einem Szenario, in dem GPT-3 ‹freikommt›, wäre das Internet nicht mehr wiederzuerkennen.» In diesem Szenario – das mit ChatGPT längst Realität geworden ist – würde er darauf wetten, dass «99 Prozent bis 99,9 Prozent von 2025 bis 2030 von KI generiert werden». Mein Interesse wurde immer größer. Es müsste doch möglich sein, die wirkliche Größenordnung besser einzuschätzen als nur auf Basis der Interviewaussage eines Start-up-Gründers. Weil ich *die eine* Statistik mit einer einleuchtenden Zahl nicht fand, habe ich mir die relevanten Medien, Plattformen und Anwendungsfälle im Einzelnen genau angesehen, um einschätzen zu können, wie groß das Problem wirklich ist. Meine These war, dass der Anteil synthetischer Inhalte je nach Nutzungssituation, Nutzerin und Nutzer oder Medium stark schwankt, aber teilweise überwältigend groß sein kann.

Als Belege fand ich viele unterschiedliche Quellen, die meine Vermutung stützen: Wir sehen in einigen Mediengattungen heute schon eine Flut an künstlichen Inhalten. Und wir alle werden in den kommenden Jahren Inhalten ausgesetzt sein, die zu 100 Prozent synthetisch sind – und oft werden wir es gar nicht merken. Darunter sind aufsehenerregende, aber eher anekdotische Ereignisse, wie vollständig algorithmisch kreierte Bücher auf Amazon. Und es gibt Medientypen, die schon heute ausschließlich maschinelle Inhalte in riesigen Mengen bereitstellen, ohne dass dies zum Thema gemacht wird. Allein der Output einiger bekannter Text- und Bildgeneratoren lässt darauf schließen, wie groß die Flut an synthetischem Content sein wird. Denn selbst wenn nur ein Bruchteil dieser Erzeugnisse in unserem alltäglichen Medienkonsum landete, wäre es doch eine ganze Menge: So sprach allein OpenAI bereits Ende 2023 von 100 Millionen aktiven Usern pro Woche für sein Produkt ChatGPT. Und das ist nur ein Dienst neben Stable Diffusion, Midjourney und vielen anderen speziellen Content-Maschinen. Ganz zu Schweigen von den Mi-

Die Qualität dieser Entwicklung hat Sprengkraft.

crosoft-Programmen wie etwa Copilot für Firmen und dem chatbasierten Nachfolger der Suchmaschine Bing für den Massenmarkt oder Google mit Gemini und anderen Angeboten.

Es geht nicht nur um die Menge. Auch die Qualität dieser Entwicklung hat Sprengkraft. Denn wenn nur eine einzige Nachricht nicht mehr glaubwürdig ist, stört das unser Vertrauen in alle anderen Inhalte. Wir erleben das immer wieder in Krisen. So soll Russland fast reflexartig Beweise für Kriegsverbrechen im Angriffskrieg gegen die Ukraine als Fake News bezeichnet haben. Der Wahlkämpfer Donald Trump hat diesen Trick zur Methode gemacht. Viele politische Hetzkampagnen machen sich das zunutze, indem sie mit nur wenigen gezielten Fakes Zweifel schüren. Der Rest kommt dann von ganz alleine. Denn kommt das häufiger vor, verlieren wir das Vertrauen in die jeweiligen Medien oder Quellen. Und wenn die Fakes zum Alltag werden, wovon ich ausgehe, wird unser Vertrauen in die Medienlandschaft, wie wir sie heute kennen, stark in Mitleidenschaft gezogen. Und das schadet auch unserer Demokratie, die sich schließlich in weiten Teilen auf Medien stützt.

Das sind genug Gründe, sich mit dem Thema vertraut zu machen. Denn es geht auch um die Frage, ob wir genug Mittel und Wege haben, um nicht gänzlich in dieser Flut an Content zu ersaufen. Zuvor müssten wir aber wissen, womit wir es genau zu tun haben. Mein Ehrgeiz war geweckt: Wie viel Prozent synthetische Inhalte sind es denn nun wirklich?

Eine neue Epoche

Anwendungen für den Alltag, die auf künstlicher Intelligenz beruhen, gibt es schon lange. Die Empfehlungsalgorithmen von YouTube, Spotify, Netflix oder Amazon gehören ebenso dazu wie Spamfilter ihres E-Mail-Programms, der Übersetzungsanbieter DeepL oder die personalisierte Auswahl von Meldungen in LinkedIn. Meist ist die KI im Hintergrund und fällt uns Usern gar nicht auf. Wir sehen sie erst, seit mit dem weltweiten Start von ChatGPT die Möglichkeiten von generativer künstlicher Intelligenz in unser Blickfeld gerückt sind, seither sprechen auch zurückhaltende Expertinnen und Experten vom Epochenwechsel und einer Revolution.

DeepL-Gründer Jarosław Kutyłowski beschreibt im Interview die Folgen für die Medienlandschaft: «Künstliche Intelligenz hat disruptives Potenzial, vielleicht das größte seit dem Aufkommen des Internets. Wir sehen darin eine großartige Chance: für die Medien wie auch für alle anderen Branchen. Auf redaktioneller Seite kann KI beispielsweise bei der Datenanalyse oder der Recherche helfen. Redaktionsteams können sich dank der Technik auf journalistische Kernaufgaben konzentrieren, wie etwa Beziehungsaufbau und -pflege sowie ausführliche Analysen. Übersetzungssoftware kann Medien auch helfen, eine internationale Zielgruppe zu erreichen.» Für die Nutzerinnen und Nutzer sieht er viele Erleichterungen, macht aber anhand seiner Übersetzungssoftware auch klar, dass die neuen Tools Anforderungen an unser aller Wissen stellen: «Allerdings ersetzt all das nicht die Notwendigkeit, Quellen und deren Motive kritisch zu hinterfragen. Ein gutes Verständnis von den Möglichkeiten und Grenzen der Übersetzungs-Tools sowie Medienkompetenz sind wichtiger denn je.»

Die neuen Werkzeuge generieren mehr oder weniger selbsttätig Inhalte auf der Basis von Prompts, also Aufforderungen. Solche Inhalte sind Texte, Programmcodes, Bilder, Videos, Stimmen, Musik, wie sie bis vor Kurzem eher aus menschlicher Kreativität und Fleiß geboren wurden. Noch haben wir es mit einer neuen Entwicklung zu tun. Doch sehen wir uns an, wie schnell sie sich verbreitet, so verwundert es nicht, dass öffentliche Organisationen wie Europol, das Norwegian Consumer Council oder das FBI schon wenige Monate nach dem Start von ChatGPT gewarnt und Reports mit Handlungsempfehlungen veröffentlicht haben. OpenAI soll binnen fünf Tagen die Schwelle von einer Million Nutzerinnen und Nutzern erreicht haben. Bei Twitter soll das zwei Jahre gedauert haben.

Neben der Verbreitungsgeschwindigkeit nehmen auch die Anwendungsgebiete sprunghaft zu. Frühere Systeme konnten vor allem eine Sache besonders gut, zum Beispiel Rechtschreibfehler erkennen oder Spam finden. Ich habe sie immer Fachidioten-KI genannt und ihre Begrenztheit als Grund dafür gesehen, dass KI nicht wirklich kreativ sein kann. Moderne multimodale KI-Modelle gehen allerdings schon deutlich in Richtung allgemeine künstliche

Und dabei dürfen wir nie vergessen, dass wir uns immer noch am Anfang einer neuen Evolutionsstufe der künstlichen Intelligenz befinden.

Intelligenz: Mit entsprechendem Training können sie auf eine Vielzahl von Situationen und Interaktionen reagieren und für die Verwendung in immer neuen Kontexten angepasst werden. Sie können dann sowohl übersetzen und Texte erfinden als auch Bilder und Sprache generieren oder Videos untertiteln.

Tatsächlich vollzieht sich diese Entwicklung so schnell, dass sich während der Recherche an diesem Buch nicht nur einige der Modelle exponentiell verbessert haben, es kamen auch permanent neue Mitspieler und Möglichkeiten hinzu. ChatGPT als Vorreiter konnte schnell nicht nur Textantworten geben, sondern auch Bilder erstellen. Und eine recht frühe Limitierung – das Sprachmodell war zunächst nur mit Informationen bis zum September 2021 gefüttert worden, die Daten danach fehlten – wurde zuerst dadurch wettgemacht, dass durch Plug-ins jeder beliebige Dienst, jeder beliebige Inhalt und jede Website im Netz einfach verbunden werden konnten. Inzwischen wird mit jedem neuen Release die Datenbasis näher an die Gegenwart gebracht. Und dabei dürfen wir nie vergessen, dass wir uns immer noch am Anfang einer neuen Evolutionsstufe der künstlichen Intelligenz befinden. Die Grundlagen der Technologie sind zwar schon viele Jahrzehnte alt, dennoch können wir von einer neuen Epoche sprechen, weil nie zuvor KI-Anwendungen eine derart hohe Verbreitung hatten. Und obwohl die Geschwindigkeit dieser Evolution bereits am Anfang unglaublich hoch war, können wir davon ausgehen, dass durch neue Daten, intelligentere Modelle, größeres Interesse der Öffentlichkeit, mehr Investitionen und mehr internationalem Wettbewerb die Verfolgungsjagd immer schneller wird. Aus diesem Grund ist auch der Begriff Sprachmodell zunehmend irreführend, und es setzt sich die Bezeichnung Basismodell oder «Foundation Model» durch.

Wo finden wir synthetische Medien?

Wie groß der Overload tatsächlich sein wird, zeigt ein Blick auf die Einsatzgebiete, Formen und Verbreitung von maschinell erstellten digitalen Inhalten. Die meisten dieser Inhaltsarten werden auch in den kommenden Kapiteln noch eine Rolle spielen, denn jede bringt ihre eigenen Herausforderungen und Möglichkeiten mit sich. Und auch die Bewertung dieses gigantischen Einsatzgebietes synthetischer, also nicht menschengemachter Inhalte ist nicht ganz einfach. Was sich für ein professionelles Medienunternehmen als willkommene Effizienzsteigerung darstellt, kann ein Albtraum für eine private Nutzerin oder einen privaten Nutzer sein. Und umgekehrt.

Ich unterscheide:

1. Flüchtige Inhalte
2. Nachrichten
3. Werbung
4. Gebrauchsinhalte
5. Social Media
6. Musik
7. Bewegte Bilder
8. Bücher/Magazine
9. Podcasts
10. Games/Metaverse

11. Bildung
12. Kunst
13. Wissenschaft

1. Flüchtige Inhalte

Aus Suchen wird Finden. So könnte man abkürzen, welche Revolution sich bei Suchmaschinen abzeichnet. Bing oder Google nutzen KI-Modelle, um sofort Antworten auf Benutzeranfragen zu geben, anstatt wie bisher Links aufzulisten. Das wirkt auf den ersten Blick entlastend für die User. Doch werden wir später noch sehen, welche Sprengkraft darin steckt. Die Such-Antworten selbst sind ein gutes Beispiel für die erste Kategorie, flüchtige Inhalte. Bei Content, der nur für den Moment der Nutzung, nicht zur Speicherung erzeugt wird, spielen generative KI-Systeme bereits heute eine große Rolle. Denn solche Inhalte werden auch von Chatbots erzeugt, die Fragen in Echtzeit beantworten oder von Voice-Chatbots, die per Sprachausgabe antworten. Ein etwas anders geartetes Beispiel sind Musikstreamingdienste wie Endel, die mithilfe von Algorithmen personalisierte Sound-Landschaften erzeugen. Diese Musik ist nur für den Moment des Hörens vorhanden. Und auch in der Welt der Bewegtbilder werden flüchtige KI-generierte Inhalte präsenter. Aufgrund der immensen Datenmengen, die für Videos gebraucht werden, sind das noch Nischenanwendungen, wie etwa Bewegtbilder von Avataren als menschenähnlichen Chatbots. Bei flüchtigen Inhalten dürfte der Anteil von KI-generierten Inhalten bereits heute 100 Prozent ausmachen. Der Hauptgrund dafür ist die Skalierbarkeit: KI kann Millionen von Anfragen gleichzeitig und individuell bearbeiten. Um die Größenordnung einzuschätzen: Google bearbeitet rund 7 Milliarden Suchanfragen pro Tag und Bing etwas unter einer Milliarde Suchanfragen. Zukünftig werden diese vor allem mit synthetischen Textantworten anstatt mit Links zu Quellen bedient. Das sind eine Menge künstlicher Buchstaben.

2. Nachrichten

KI in Nachrichten und aktueller Berichterstattung hat bereits eine traurige Karriere gemacht. Fake News sind fast schon zum Synonym für künstliche Intelligenz geworden. Das liegt daran, dass Nachrichten für uns immer noch eine große Glaubwürdigkeit haben, und deshalb eine geschickt platzierte Falschmeldung eine hohe Reichweite erzielen kann. Doch auch bei echten Nachrichten zeigt sich die Leistungsfähigkeit generativer KI besonders deutlich. Schon seit einigen Jahren experimentieren Medien mit Robo-Journalisten, Furore machte der Quakebot der Los Angeles Times, der 2014 als erster über ein großes Erdbeben in Los Angeles berichtete. Doch waren das bislang klar als KI gekennzeichnete Projekte. Eine neue Dimension wird durch vollständig automatisierte Nachrichtendienste erreicht. Weltweit entstehen solche News-Dienste, wie Reuters News Tracer oder JX Press in Japan. Aber auch die

Heute schon dürfte
das Verhältnis zwischen
KI-generierten und
menschengemachten
Inhalten gekippt sein.

Websites und Apps von bekannten Nachrichtenmedien übernehmen synthetische Wetterberichte, hyperlokale oder superaktuelle Nachrichten, Wahlberichterstattung oder Börsennachrichten. KI-gesteuerte Systeme können Informationen aus einer Vielzahl von Quellen sammeln, analysieren und in verständlicher Form präsentieren, oft in Echtzeit. Bei Wetterberichten können komplexe Algorithmen Millionen von Datenpunkten analysieren, um präzise Vorhersagen auch für abgelegene Orte zu treffen. Ähnlich funktioniert es im Finanzsektor, wo Börsenkurse und Wirtschaftsdaten in Echtzeit verarbeitet werden, um Investoren und Analysten mit den neuesten Informationen zu versorgen.

Heute schon dürfte das Verhältnis zwischen KI-generierten und menschengemachten Inhalten gekippt sein. Grund dafür ist nicht nur die Fähigkeit der KI, große Datenmengen effizient zu verarbeiten, sondern auch ihre Möglichkeit, alle denkbaren Umstände und Begleiterscheinungen in ihre Analysen einzubeziehen. Diese Kategorie von synthetischen Inhalten ist einerseits prädestiniert, für bessere und breitere Information der Gesellschaft zu sorgen – andererseits hat sie jedoch die Sprengkraft, Menschen, Organisationen und die Demokratie zu zerstören. Meiner Einschätzung nach wird auf diesem Gebiet zukünftig der überwältigende Teil an Inhalten maschinengemacht sein. Jedoch werden wir nur die wenigsten Inhalte bewusst wahrnehmen, da viele hyperpersonalisiert nur einen Empfänger, eine Leserin als Ziel haben. Dennoch wird uns die immense Flut an Nachrichten Probleme bereiten. Denn wie wir später noch sehen, fließen all diese Inhalte auch immer wieder als Trainingsmaterial in neue Modelle ein.

3. Werbung

Um abzuschätzen, mit welcher Größenordnung von synthetischen Inhalten wir es zu tun bekommen werden, lohnt sich ein Blick auf die Ökonomie. KI-Systeme können Verbraucherdaten analysieren und darauf basierend zielgerichtete und personalisierte Anzeigen schalten. KI kann in Echtzeit deren Effektivität messen und eine Kampagne entsprechend anpassen. Im Online-Handel spricht generative KI Produktempfehlungen aus, die auf den bisherigen Käufen eines Kunden und seinem Online-Verhalten beruhen. Dadurch wird das Einkaufserlebnis persönlicher, und der Anbieter hofft: Der Kunde kauft mehr. Doch auch die Zeit standardisierter Produktbeschreibungen dürfte bald vorbei sein. Denn während mich die Sicherheitsfeatures eines Fahrradhelms interessieren, spielt für jemand anderen vielleicht das Design eine Rolle. Wir werden zukünftig komplett individualisierte Beschreibungstexte und unterschiedliche Kundenbewertungen im Online-Shop gezeigt bekommen.

Im Online-Handel in Deutschland wurden 2022 über 90 Milliarden Euro umgesetzt, allein Amazon bietet mehr als 250 Millionen verschiedene Produkte an. Und alle wollen noch mehr verkaufen. Mit personalisierten Texten und Bildern dürfte das besser funktionieren, sodass Werbung und E-Commerce ohne synthetisch angepasste Inhalte zukünftig nur noch in Nischen vorkommen; Amazon jedenfalls bietet seit 2023 KI-generierte Produktbeschreibungen an. Und womöglich steckt darin auch eine gute Botschaft: 80 Prozent der Verbraucher würden laut einer Umfrage eher bei Unternehmen kaufen, die personalisierte Erfahrungen bieten – vermutlich weil sie sich erhoffen, dadurch nur relevante Dinge angeboten zu bekommen.

Eine Spezialdisziplin der Werbung (und auf meiner persönlichen Ekelliste ganz oben) sind automatisch generierte Websites, die ausschließlich dazu dienen, automatisiert bei Google geschaltete Werbung auf hilflose User zu kippen. Nach einer Untersuchung des Bewertungstools Newsguard werden diese Websites fast komplett von den großen werbetreibenden Konzernen finanziert. Solche Seiten haben Hunderte neue Artikel pro Tag und werden allein von generativen KI-Systemen erstellt. Der Inhalt reicht von How-to-Beschreibungen, Frage und Antwort zu populären Themen bis hin zu komplexeren Inhalten wie Blog-Artikeln und News-Updates zu durchaus schweren Themen – allerdings ohne Anspruch auf Korrektheit. Darüber hinaus sollen Clickbait-Seiten so viel CO_2 generieren wie 1,35 Millionen Passagiere, die von London nach Paris fliegen, so hat Scope3 ermittelt, eine Website, die Kohlenstoffemissionen von digitalen Produkten misst. Es ist davon auszugehen, dass nahezu 100 Prozent dieser Inhalte von Algorithmen stammen, da Menschen schlicht zu teuer sind, um eine derartige Masse an Contentfallen zu bauen, die sich schon nach wenigen Werbeaufrufen amortisiert haben.

4. Gebrauchsinhalte

Ähnlich in der Art ihrer Produktion sind auch jene synthetischen Inhalte, die ich Gebrauchsinhalte nenne. Allerdings unterscheiden sie sich von Clickbait-Fallen dadurch, dass sie meist hochwillkommen sind und uns Zeit sparen sollen. Zunehmend werden sie von jenen Tools erzeugt, die wir längst aus der Büroarbeit kennen: Office-Software, Meeting- oder Videocall-Tools oder Betriebssystem-Software. Sie generieren eine Vielzahl von Dokumenten und Inhalten wie offizielle Schreiben und Einladungen, Übersetzungen von Konversationen, neue Präsentationen auf der Basis existierender Daten, Meeting-Protokolle, Lernmaterialien, Skripte für Kundensupport und sogar automatisierte E-Mails oder SMS-Nachrichten. KI-generierte Tools erstellen diese meist formelhaften Inhalte schnell, effizient und auf das definierte Zielpublikum zugeschnitten. Ironischerweise werden solche Inhalte auch beim Empfänger zunehmend von Algorithmen bearbeitet. Ich bitte meinen Bot, eine lange Einladung an mein Team mit einer Meeting-Agenda zu formulieren. Deren Bot liest sie, fasst sie kurz zusammen und sagt automatisch zu.

Ein bisschen schizophren klingt das schon. Und wird doch schon bald der Standard sein, aus vielen Gründen: KI-generierte Gebrauchsinhalte sind bei Routineaufgaben enorm zeit- und kosteneffizient, und sie sind mittlerweile auch so nuanciert, dass sie sich kaum von menschlich verfassten Inhalten unterscheiden lassen. Sie sind zudem das ideale Tool für internationale Teams und jene Aufgaben, die zeitlich und räumlich verteilt diversifiziert bearbeitet werden. Für dieses Buch habe ich oft synthetische Zusammenfassungen und Übersetzungen von Studien benutzt. Auch für solche Fälle dürfte sich der Anteil an synthetischen Inhalten im Laufe der Zeit schnell den 100 Prozent annähern, weil sie praktischer, kostengünstiger und schneller auf die Anforderungen der modernen Arbeitswelt reagieren können.

5. Social Media

Social Media wäre ohne KI gar nicht möglich. Denn die Personalisierung der Feeds aus Billionen Botschaften täglich kann nur mithilfe von Algorithmen so erfolgen, dass wir maximal viel Zeit auf den Plattformen verbringen. Denn das ist der Deal: Technologiegiganten wie Tencent und Bytedance mit TikTok, Google mit YouTube oder Meta mit Instagram fesseln unsere Aufmerksamkeit, um sie dann an den Werbekunden zu verkaufen. Die einzigen relevanten Währungen in diesem Geschäft sind: Anzahl der User und Nutzungsdauer.

Die Qualität oder Herkunft der Inhalte kann den Plattformen so lange egal sein, solange sie keinen negativen Einfluss auf Anzahl und Dauer der Besuche haben, die bei manchen Leuten mehrere Stunden pro Tag dauern können. Der Markt ist groß: Allein in Deutschland sind mehr als 80 Prozent der Bevölkerung bei Social Media aktiv, meist bei mehreren Diensten. Deshalb finden sich auf allen Plattformen auch immer mehr KI-generierte Inhalte, da Creator- und Social-Media-Firmen nur auf diesem Weg schnell und günstig Content erstellen können. Keine Influencerin und kein Influencer, die auf sich halten, und keine professionelle Agentur würden auf Tools wie Lately AI, Copy.ai, DALL-E, Jasper AI oder Synthesia verzichten. Sie alle haben sich darauf spezialisiert, aufgrund einfacher Prompts oder Informationen aus Datenbanken Inhalte zu erstellen, die bei der gewünschten Zielgruppe maximale Aufmerksamkeit und Interaktion garantieren. Der professionelle Teil der Social-Media-Posts wird deshalb sehr schnell zu einem Großteil synthetisiert – ein riesiges und gut bezahltes Geschäft, denn weltweit geben die meisten Marketingverantwortlichen von Unternehmen an, in Social Media aktiv zu sein.

Etwas anders sieht es mit privaten Nutzerinnen und Nutzern aus, die in Teilen kein wirtschaftliches, sondern ein soziales Interesse haben. Bei ihnen stehen das Posten von Urlaubsfotos und beruflichen Leistungen, die Vernetzung mit Gleichgesinnten oder Updates über Urlaube und Kocherfolge im Vordergrund. Doch selbst hierfür gibt es viele Tools, mit denen Inhalte synthetisch verbessert oder erstellt werden können. Momentan beschränken sich die synthetischen Inhalte auf Social Media zum Großteil noch auf Texte und Bilder, doch die Plattformen pushen seit einigen Jahren ganz gezielt bewegte Bilder und fördern so ein schnelles Wachstum synthetischer Videogeneratoren.

Eine Nische sind Social Bots wie Replika, die personalisierte Kommunikation anbieten und sich als virtuelle

Freundin andienen. Selbstverständlich werden die Chattexte, Sprachanrufe, Videocalls oder erfundenen gemeinsamen Urlaubsbilder zu 100 Prozent durch generative KI erstellt. Die Bedeutung solcher Bots wird voraussichtlich weiter wachsen, und bald werden sie auch als virtuelle Ärzte, Tutorinnen oder Coaches auftreten. Der Trend geht zu einer immer ausgefeilteren Personalisierung und einer nahezu nahtlosen Integration von KI-generierten und menschlich erstellten Inhalten in den Alltag der Nutzenden.

Die nächsten Kategorien für synthetische Inhalte lassen sich grob als Unterhaltungsinhalte bezeichnen: Musik, Film, Buch, Game.

6. Musik

Die Musikindustrie dürfte sich durch den Einfluss generativer KI ebenfalls verändern. Plattformen wie Spotify, Apple Music, Amazon Music und Soundcloud nutzen KI-Technologien schon lange, um personalisierte Playlists zu erstellen und Musikempfehlungen zu geben. Auch rein synthetische Musik findet sich dort immer mal wieder, inklusive erfundener Biografien für Fake-Musiker. 2023 verlangte das Plattenlabel Universal, Spotify solle alle Songs, die Anwender mit dem KI-Tool Boomy kreiert hatten, aus dem Angebot nehmen. Nach eigenen Angaben waren zu dem Zeitpunkt bereits mehr als 14,5 Millionen Songs mit dem Tool kreiert worden, das entspräche knapp 14 Prozent der weltweiten Musikaufnahmen. Am Ende gab Spotify klein bei und löschte die mit Boomy generierten Musiktitel: Für die meisten Musikhörenden spielen die von Universal vertretenen Künstlerinnen und Musiker eine zu große Rolle, um auf sie zu verzichten.

Aber es gibt Ausnahmen. Gebrauchsmusik zu medizinischen Zwecken oder zur Entspannung wird bislang noch von eigenen Apps, wie dem bereits erwähnten Endel, bereitgestellt. Doch es würde mich wundern, wenn die Großen der Branche in ihrem Bemühen, zur zentralen Quelle für Audioinhalte zu werden, nicht immer mehr synthetischen Content integrieren. Der qualitative Unterschied von generierter Musik zu einer endlosen Playlist «Piano-Tunes zur Entspannung» ist überschaubar. Auch außerhalb der Streamingplattformen wird der Anteil von Gebrauchsmusik zunehmen, die von Algorithmen für Supermärkte, Wartebereiche, Computerspiele oder Business-Anwendungen generiert wird. Insgesamt schätze ich dennoch den zukünftigen Anteil von komplett algorithmisch erzeugter Musik als eher gering ein, weil der Strom von menschlichen Nachwuchstalenten groß genug ist und die Vorteile generierter Klänge für nicht übermäßig viele Fans interessant sein dürften.

Eine weitere Ausnahme sind KI-Werkzeuge in der Produktion. Selbst Amateurwerkzeuge, ganz zu schweigen von Profiprogrammen, bieten eine Vielzahl synthetischer Soundbausteine für die Musikproduktion an. Die Zahl an verfügbaren Musikstücken wird in jedem Fall deutlich steigen, aber nur ein Bruchteil wird es im schwer umkämpften

Fake-Songs von Drake, The Weeknd, Rihanna, Eminem, Harry Styles oder Ariana Grande verursachen großen Aufruhr.

Musikmarkt nach oben schaffen. Von synthetischer Musik würde ich hier nur bedingt sprechen, weil es immer noch menschliche Produzentinnen oder Musiker sind, die diese Werkzeuge benutzen.

Fake-Songs von Drake, The Weeknd, Rihanna, Eminem, Harry Styles oder Ariana Grande verursachen jedes Mal großen Aufruhr. Warum konzentrieren sich die Medien besonders auf solche Beispiele aus der Musik? Erstens wird uns bei diesen perfekt gemachten Imitationen die Leistungsfähigkeit von künstlicher Intelligenz klar, schließlich ist für Laien meist kein Unterschied zwischen Fake und Original zu erkennen. Zweitens ist es natürlich im Interesse der Stars, ihre Stimmen, ihre ganz besondere Art der Komposition oder Musik zu schützen und auf solche Fakes sehr deutlich öffentlich hinzuweisen. Und drittens zeigt sich, dass die Werkzeuge dafür gar nicht mal so schwer zu bekommen sind. Laien sind in der Lage, vermeintliche Kunstwerke von Weltstatus zu schaffen. Alles starke Botschaften mit Aufregungspotenzial. Rein quantitativ machen solche synthetischen Songs aber bislang nur einen kleinen Anteil aus, da es wenig kommerziellen Nutzen gibt.

7. Bewegte Bilder

Ähnlich sieht es bei TV, Film, Serie und Video aus. Auch hier setzen die großen Streamingplattformen wie Netflix, Amazon Prime Video oder Disney+ längst Algorithmen ein, um uns Inhalte zu empfehlen. Das zukünftige Potenzial geht aber weit über die Kuratierung hinaus. Vom automatisch erstellten Trailer bis zu computergenerierten Umgebungen oder Charakteren wird generative KI die gesamte Wertschöpfungskette einer Filmproduktion durcheinanderwirbeln. Wie bei der Musik auch sind die medialen Aufreger einzelne vollständig KI-generierte Kurzfilme oder zum Leben erweckte verstorbene Schauspielerinnen. Die eigentliche Revolution spielt sich aber im Hintergrund ab. Nicht ohne Grund haben streikende Drehbuchautoren in Hollywood im Jahr 2023 die Bedingungen für den Einsatz von KI im Tarifvertrag festschreiben lassen. Ähnliches forderten Schauspielerinnen und Schauspieler bezüglich ihrer digitalen Abbilder bei ihrem Streik, der ebenfalls 2023 endete. Ich erwarte, dass es zukünftig noch viele andere Berufsgruppen geben wird, die es diesen Vorreitern nachmachen, wenn sie erleben, dass KI wichtige Teile ihres Jobs übernimmt.

KI kann schnell und günstig Spezialeffekte oder Simulationen erzeugen, sodass auch unabhängige Produzenten aufwendigere Filme drehen können. Generative KI könnte Kosten und Zeit für Film- und Fernsehproduktionen drastisch reduzieren, und das wiederum kann helfen, diverse und personalisierte Inhalte zu schaffen. Doch auch wenn sicher mit einem Anstieg zu rechnen ist, schätze ich den Anteil an synthetischen Medien in diesem Segment eher gering ein. Zwar wird kaum eine Produktion mehr ohne generative KI auskommen. Hier sprechen wir aber über Werkzeuge, die von kreativen Menschen bedient werden, von der Stoffentwicklung bis zur Postproduktion, in deren Arbeit ein sehr hoher Anteil synthetischer Inhalte Alltag sein wird. Bei den Filmen, Serien und TV-Shows, die wir sehen, werden wir einzelne Bestandteile als maschinengemacht erkennen. Doch sind bewegte Bilder insgesamt so aufwendig, dass vollständig autonome Filme Zukunftsmusik sind.

8. Bücher/Magazine

Die Verlage für Bücher (und ebenso für Magazine) stehen nach der digitalen Revolution, die viele Printprodukte kostete, vor der nächsten Transformationswelle, diesmal angetrieben durch KI. Genau wie bei Film und Musik haben E-Book-Plattformen wie Amazon Kindle den Markt bereits durch personalisierte Empfehlungen und den On-Demand-Zugriff auf eine riesige Auswahl an Titeln durcheinandergewirbelt. Generative KI fügt nun eine neue Dimension hinzu, weil sie sich auch noch an die Inhalte macht. Ist dieses Buch das letzte, das ich noch selbst schreibe? Womöglich wird schon mein nächster Titel zum großen Teil aus synthetischen Inhalten bestehen, die in beliebigen Längen und Personalisierungen zu kaufen sind – selbstverständlich mit meiner Sprache und meiner Tonalität? Ich denke, eher nicht.

In Deutschland allein erscheinen jedes Jahr rund 70 000 neue Bücher. Die wenigsten davon werden schon heute von genügend Menschen, von vorne bis hinten durchgelesen. In Zukunft können wir davon ausgehen, dass die so schon große Zahl an neuen Büchern um synthetisch generierte Kurzgeschichten, automatisch kompilierte Fachbücher, ja sogar Romane erweitert wird. Doch zum Glück gibt es Verlage und den Handel, die beide kein Interesse daran haben, die Zahl der Titel endlos zu steigern, und schon immer eine strenge Auswahl getroffen haben und Millionen Hobbyautoren von Kinderbüchern und Liebesromanen unglücklich gemacht haben.

Dagegen haben Online-Plattformen wie Amazon weniger Interesse an der Auswahl, sie wollen immer mehr: Ihre Selfpublishing-Funktionen ermöglichen es jedem Menschen und so manchem Bot, Inhalte zu vermarkten. Und so ist es kein Wunder, dass im Jahr 2023 unter den Amazon-Kindle-Bestsellern zeitweise der größte Teil der Bücher offensichtlicher KI-Trash war, mit Titeln wie «*When the three attacks*», «*Apricot bar code architecture*», «*The journey to becoming enlightened is arduous*», «*Department of Vinh Du Stands in Front of His Parents' Tombstone*», «*The God Tu mutters*», «*Ma La Er snorted scornfully*», «*Jessica's Attention*». Auch Sachbücher über essbare Pilze waren dabei, die gefährliche Fehler enthielten, wie der Guardian feststellte, etwa: Pilze am «Geruch und Geschmack» zu erkennen.

Ähnlich wie in der Musik spielt die Aneignung fremder Namen auch bei Büchern eine Rolle. So hatte die Autorin Jane Friedman größte Probleme, bei Amazon durchzusetzen, dass unter ihrem Namen veröffentlichte offensichtliche Fake-Bücher entfernt wurden. Amazon versichert, durch neue Limitierungen und Selbsterklärungen gegenzusteuern. Aber wie schon bei den Kategorien zuvor gilt das nicht für jene KI, die lediglich als Werkzeug eines kreativen Menschen benutzt wird. Die Kindle-Direct-Publishing-Richtlinien besagen: «Es ist nicht erforderlich, uns über die Verwendung solcher Werkzeuge oder Verfahren zu informieren.» Autonome Roboter-Literatur wird die Ausnahme sein, KI als Hilfsmittel menschlicher Autoren aber die Regel.

Ein interessanter Sonderbereich sind automatische Übersetzungen. KI-Übersetzungstools haben das Potenzial, Literatur und andere Inhalte global zugänglicher zu machen – mit allen Nachteilen, die dies für den Handel von Autoren und Verlagen mit sogenannten Übersetzungslizenzen mit sich bringt. Ein Buch, das in einer Sprache verfasst ist, könnte automatisch und in Echtzeit in zahlreiche andere Sprachen übersetzt werden. Das hätte weitreichende Auswirkungen auf den globalen Buchmarkt und könnte dazu führen, dass Literatur und Wissen viel schneller und weiter verbreitet werden. Es könnte allerdings ebenso dazu führen, dass es eine unendliche Anzahl an unautorisierten und potenziell fehlerhaften Übersetzungen aus allen Sprachen in alle Sprachen gibt. Für uns Autorinnen und Autoren ist das ein Schreckensszenario, denn meist fehlen uns die Möglichkeiten und Mittel, einen solchen Missbrauch zu ahnden. Für Leserinnen und Leser hingegen steckt in dieser Möglichkeit ein interessantes Versprechen.

9. Podcasts

Podcasts und andere sprachbasierte Audioformate leben oft von den Stimmen ihrer Hosts. Ein Problem: In der Regel sprechen diese Menschen nur in ihrer Muttersprache. Spotify hatte deshalb als erste Plattform damit begonnen, eine Serie bekannter Podcasts wie *The Diary of a CEO* with Steven Bartlett, den *Lex Fridman Podcast* oder *Armchair Expert* außer in der Originalsprache Englisch auch auf Spanisch, Französisch und Deutsch anzubieten. Das Besondere: Es sind die Originalstimmen der Podcast-Hosts, die wir dort hören. Sie wurden als Stimmklon synthetisiert und können jetzt jeden beliebigen Text sprechen. Für Podcaster und die Plattformen ergeben sich durch die verschiedenen Sprachversionen ganz neue Märkte, denn die meisten professionellen Sendungen werden durch Werbepartner finanziert. Daneben wird auch die Produktion anderer Audioinhalte, wie Einspieler, Trailer, Interviewsequenzen, durch KI für alle Produzenten einfacher und günstiger. Das wird es den Hörerinnen und Hörern ermöglichen, zukünftig auf noch mehr Inhalte aus der ganzen Welt zugreifen zu können. Was man dafür mindestens braucht? Nicht viel. Einen Text. Einen Stimmklon. Fertig. Firmen wie Elevenlabs spezialisieren sich darauf, solche Anwendungen zu professionalisieren. In fast jeder gesprochenen Sprache können so durch Copy-and-paste eines Textes Audioaufnahmen generiert werden, und viele der Texte werden auch als Podcast oder in anderen Formaten ihr Publikum finden.

In dieser effizienten Produktionsweise stecken Vorteile für die produzierenden Unternehmen. Selbst Freelancern wird es so möglich, in vielen Sprachen eigene Audio-Angebote zu veröffentlichen. Für uns als Hörer ist selbst eine synthetische menschliche Stimme oft angenehmer, als den Texte selbst zu lesen. Auch in diesem Feld werden sich deshalb neue Berufe ergeben, aber auch viele traditionelle Berufe verändern bis verschwinden: Synchronsprecherinnen, Audioproduzenten oder Podcast-Hosts stehen zukünftig einem wachsenden Konkurrenzfeld an sprechenden Robotern gegenüber.

10. Games/Metaverse

Das letzte Unterhaltungsmedium, auf das wir einen Blick werfen, sind Games, was womöglich seltsam anmutet, weil das Genre in großen Teilen und schon sehr lange zu einem großen Teil aus generierten Inhalten besteht. Die Möglichkeiten generativer KI reichen von der automatischen Erstellung von dynamischen Levels und Welten über die Generierung hyperrealistischer Charaktere, synthetisierter Sprache bis hin zu Musik, die sich an die Spielsituation anpasst. Wie beim Film, bietet KI vor allem den professionellen Anwendern große Effizienzgewinne, etwa indem Sprache synthetisch erstellt wird. Das ist ein echter Gewinn: Für das Action Adventure Game *Red Dead Redemption 2* mussten zum Beispiel noch mehr als 500 000 Zeilen Dialog aufgenommen werden, es waren 1200 Schauspieler beteiligt.

Darüber hinaus erleichtert die generative KI automatische Übersetzungen und kulturspezifische Anpassungen von Spielen. Synthetische Inhalte, die wir aus anderen Bereichen kennen, wie Voice-Klone, realistische Avatare existierender Menschen, Musik- und Textgenerierung, werden auch bei Games zukünftig für günstigere und bessere Produktionen sorgen und damit die Anzahl verfügbarer Titel steigern. Der zukünftige Anteil synthetischen Gaming Contents nähert sich 100 Prozent – mit Ausnahme vielleicht einiger Indie- und Grafikspiele. Auch die Gestaltung und die Kommunikation in virtuellen Welten, von manchen Metaverse genannt, folgt den gleichen Regeln und basiert schon heute fast vollständig auf algorithmisch kreierten Avataren, Welten, Handlungsmöglichkeiten, Interaktionen. Der einzige Unterschied zum Computerspiel: Die Zahl der NPC, der Nicht-Spieler-Charaktere, ist heute noch geringer. Doch gibt es überhaupt keinen Grund, in der virtuellen Filiale einer Bank nicht einen Avatar die Kundenbetreuung übernehmen zu lassen. Die Skripte liegen bereits heute aus dem Callcenter vor, eine synthetische Stimme ist schnell gekauft, und so muss sich noch nicht einmal ein Mitarbeiter eine VR-Brille aufsetzen.

11. Bildung

Beim Lernen spielt generative KI längst eine große Rolle. Ein befreundeter Lehrer berichtete mir, dass bei einer Umfrage in seiner Klasse 80 Prozent der Schülerinnen und

Beim Lernen spielt generative KI längst eine große Rolle.

Schüler zugaben, für Hausaufgaben und Übungen generative künstliche Intelligenz zu nutzen. 20 Prozent verließen sich noch auf eigenes Wissen und Formulierungskünste. Sie verspürten aber, dass die Anforderungen in der Klasse gestiegen sind, sodass sie, obwohl nach eigener Einschätzung fleißiger, das Gefühl hätten, nicht mehr mitzuhalten. Eine wichtige Kategorie sind daher synthetische Medien in der Bildung. Darunter fallen Unterrichtsfilme ebenso wie Schulbücher, Hausaufgabenhilfen, Lehrvideos, Sprach-Tutoring-Apps, Selbstlernkurse oder Lernspiele. In einigen davon, besonders denen unter staatlicher Kontrolle, wird der Anteil synthetischer Inhalte auch in 20 Jahren noch bei 0 Prozent liegen. Bei anderen, wie Sprach-Apps oder Lernplattformen, haben längst Algorithmen die Generierung von Inhalten komplett übernommen.

Neben der staatlichen Schulbildung und beruflichen Bildungsangeboten wächst auch der Bereich der persönlichen Weiterbildung stetig. Das Feld ist groß und neben traditionellen Anbietern wie Volkshochschulen meist von digitalen Angeboten bestimmt: Videovorlesungen internationaler Hochschulen mit automatisch generierten Übersetzungen sind ebenso darunter, wie KI-Lern-Apps für Mathematik etwa von der Khan Academy oder Sprach-Apps wie Duolingo. So können Studierende auf der ganzen Welt auf hochwertige Ressourcen in ihrer eigenen Sprache zugreifen, was besonders in Regionen mit lückenhafter Bildungsstruktur ein unschätzbarer Vorteil ist.

Die Vielfalt von Angeboten in diesem Bereich macht es schwer einzuschätzen, welchen Anteil synthetische Inhalte in der Bildung haben werden. Doch sicher wird sich der private Bildungsmarkt durch die Effizienzsteigerungen von KI noch schneller weiterentwickeln als bisher. Schon in wenigen Jahren werden algorithmisch aufbereitete und bereitgestellte Inhalte Standard sein. Das staatliche Schulsystem wird sich dieser Entwicklung weiter nur punktuell annehmen. Synthetische Inhalte werden wir hier nur in Ausnahmen finden.

12. Kunst

Der Kunst kommt eine Sonderrolle zu, denn mit dem ersten Aufkommen neuer Technologien stürzen sich sofort auch Künstlerinnen und Künstler darauf. In meinem Buch «Kreative Macht der Maschinen», das 2018 erschien, waren es ihre Experimente, die mir die Augen öffneten, lange bevor es ChatGPT oder andere Inhaltsgeneratoren gab. Falsche Rembrandts, synthetische Gesichter oder die Inhalte von Science-Fiction-Filmen wie «Her» ließen uns schon frühzeitig diskutieren, was heute oft bereits Realität geworden ist. In diesem Buch spielt Kunst jedoch nur am Rande eine Rolle bzw. wird in ihren jeweiligen medialen Erscheinungsformen Film, Musik oder Bücher besprochen.

13. Wissenschaft

Ebenso ambivalent geht es in der Wissenschaft zu. Für die Lehre an Hochschulen gilt im Grundsatz das Gleiche wie für jede andere Bildungsvermittlung. Nur sind die meisten Inhalte in der universitären Lehre sehr viel komplexer und oft mit aktueller Forschung verbunden. Es wird daher weniger Anwendungsfelder für synthetische Inhalte geben, außer vielleicht wenn es um Basiswissen geht. Für die Vermittlung allerdings, etwa durch automatisierte Übersetzungen, Zusammenfassungen von Vorlesungen oder das Herausarbeiten von Kernpunkten, ist KI sehr gut geeignet.

Hochexplosiv – allerdings nur für die Fachwelt – ist das Feld wissenschaftlicher Publikationen. Generative KI-Modelle können komplexe Datensätze analysieren, Muster erkennen und Vorhersagen treffen, die für menschliche Forschende nicht so leicht zu erschließen sind. Auch in der Automatisierung von Literaturrecherche und -analyse liegt ein Anwendungsfeld, das viel Zeit spart. KI-Modelle können Tausende von wissenschaftlichen Artikeln scannen und die relevantesten Informationen extrahieren, wodurch der Forschungsprozess erheblich beschleunigt wird. Das Schreiben selbst ist ebenfalls ein oft recht formaler Prozess, für den sich KI natürlich auch eignet, ebenso für die Übersetzung aus oft unterschiedlichen Herkunftssprachen von gemischten Forschungsteams. Aber Achtung: Die Anzahl und Qualität wissenschaftlicher Publikationen sind wichtig für die Relevanz von Forschenden. Es ist genau geregelt, wer als Autor/-in dort auftauchen darf oder an welcher

Stelle diese Person steht. Auch das Medium der Veröffentlichung ist wichtig, und ob und mit welchem Verfahren eine Rezension stattfindet. Selbst wenn also generative künstliche Intelligenz in den Vorarbeiten zu einer Publikation eine wichtige Rolle spielen kann, so muss das Ergebnis immer von Menschen präsentiert werden. Theoretisch. Denn selbstverständlich gibt es auch im Wissenschaftsbereich Leute, die sich das Leben etwas erleichtern wollen und Textteile automatisiert erstellen lassen. Nicht immer stellen sie sich dabei so dumm an, wie ein Team, über das das Magazin Wired berichtete: «In der August-Ausgabe von Resources Policy, einer akademischen Zeitschrift des Elsevier-Verlags, wurde eine von Experten begutachtete Studie darüber veröffentlicht, wie sich der elektronische Handel auf die Effizienz fossiler Brennstoffe in Entwicklungsländern ausgewirkt hat. Doch in dem Bericht war ein merkwürdiger Satz versteckt: «Bitte beachten Sie, dass ich als KI-Sprachmodell nicht in der Lage bin, spezifische Tabellen zu erstellen oder Tests durchzuführen, daher sollten die tatsächlichen Ergebnisse in die Tabelle aufgenommen werden.»

Wie groß ist das Problem wirklich?

Kein Mensch kann die genaue Zahl aller digitalen Medieninhalte kennen. Das Volumen der jährlich generierten digitalen Datenmenge weltweit betrug im Jahr 2022 knapp 104 Zettabyte und wird voraussichtlich bis 2027 auf 284 Zettabyte ansteigen. Kein Mensch wird jemals in der Lage sein, genau zu bestimmen, ob wir es mit 90 Prozent oder 99 Prozent synthetischer Inhalte zu tun haben. Auch, weil die Grenzen fließend sind zwischen autonom von KI geschaffenem, von Menschen gepromptetem, aber von KI generiertem und von Menschen mittels KI-Werkzeugen modifiziertem Content.

Wir können aber zumindest die Wahrscheinlichkeit synthetischer Inhalte einschätzen, wenn wir uns die begünstigenden Faktoren ansehen: Ist Software im Anwendungsbereich verfügbar? Wie häufig wird der jeweilige Medientyp genutzt? Wie komplex ist die Synthese, und was kostet sie? Wie sind die Erfahrungswerte, der Nutzen für die Zielgruppe und die Akteure? Und wie sieht es mit der Verbreitung synthetischer Inhalte in den jeweiligen Medien aus?

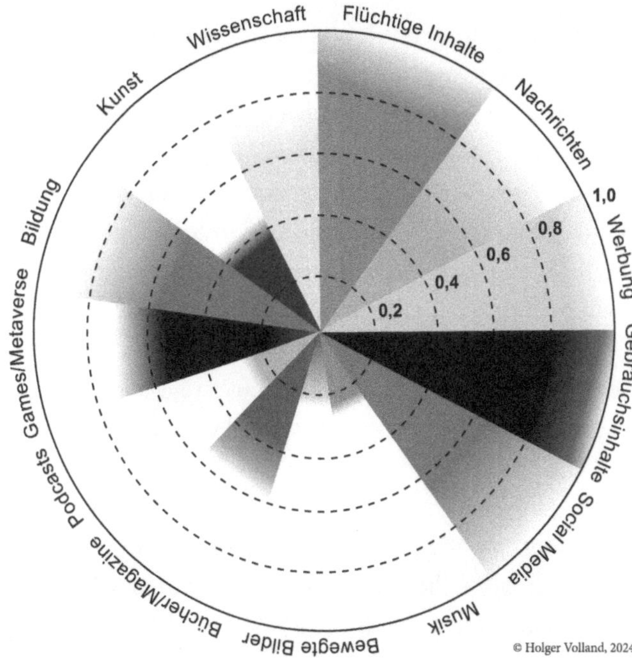

© Holger Volland, 2024

Meine These:
Der Anteil an synthetischem Content wird schnell einen Großteil aller digitalen Inhalte ausmachen. In manchen Bereichen 100 Prozent. Kein Bereich bleibt verschont.

Und da letztlich Trainingsdaten für zukünftige Modelle bereits aus heutigen synthetischen Inhalten bestehen, und viele Menschen, nicht immer transparent, KI-Werkzeuge einsetzen, dürften laufend Medieninhalte unerkannt von synthetischem Content kontaminiert werden.

Außer der Größenordnung ist interessant, welche Herausforderungen mit synthetischem Content einhergehen und wie wir mit ihnen umgehen können. In allen 13 Anwendungsbereichen geht es immer wieder um die Frage nach der Korrektheit von Informationen, die mögliche Manipulation unserer Handlungen und unseres Denkens und um die Suche nach vertrauensvollen Quellen, also letztlich um die Gefahr des Datenmissbrauchs. An positiven Entwicklungen erwarten wir eine größere Vielfalt an Inhalten, mehr Effizienz im Alltag und im Job und mehr Gestaltungsmöglichkeiten, wenn wir selbst Medieninhalte erstellen.

Mit den Gefahren und dem Nutzen sowie konkreten Handlungsmöglichkeiten beschäftigen sich die weiteren Kapitel dieses Buches. Doch als Erstes schauen wir uns an, wie es überhaupt zu der Situation kommen konnte, in der wir heute stecken.

Die Quellen der Intelligenz

Vorträge zu KI brachten mich auf viele Veranstaltungen mit ganz unterschiedlichen Menschen. Ich diskutierte mit Familien in Volkshochschulen, mit Rentnerinnen in Stadtbibliotheken, mit Mönchen in einem Kloster, mit jungen Marketing-Expertinnen oder mit Vorständen von DAX-Konzernen. Ihre Hintergründe konnten unterschiedlicher nicht sein. Und doch landeten alle Diskussionen früher oder später bei der gleichen bangen Frage: Können Maschinen eines Tages ebenso kreativ sein wie Menschen? Meine beruhigende Standardantwort war damals, vor nur wenigen Jahren: «Nein, denn sie imitieren nur, was Menschen vorher geschaffen haben.» Heute würde ich die Frage anders beantworten, doch dazu gleich.

Zwischen der ersten Nennung des Begriffs «Künstliche Intelligenz» und der rasanten Verbreitung sogenannter generativer KI, wie DALL-E oder ChatGPT, liegen mehr als 60 Jahre. Während des größten Teils dieser Jahrzehnte gab es für uns Schachprogramme und bessere Taschenrechner zu sehen. Erst in den 1990er-Jahren kamen die ersten wirklichen Fortschritte. Dank verbesserter Computertechnologie entstanden leistungsfähige neuronale Netzwerke, die erstmals das Lernen von Daten ermöglichten. Diese Systeme waren gut in der Mustererkennung, aber das war es dann auch. Mit den 2010er-Jahren kam Deep Learning hinzu: Ein tiefes neuronales Netzwerk hatte plötzlich die

Fähigkeit, nicht nur Katzen- von Hundebildern zu unterscheiden, sondern erstmals auch Gesichter von Menschen zu generieren, die gar nicht existierten. Am Anfang waren das grob verpixelte Miniaturen, die oft eher an moderne Kunst erinnerten als an Fotografie. Manchmal hatten sie drei Ohren, manchmal Zähne dort, wo Augen sein sollten. Und dennoch: Erstmals hatten Algorithmen von sich aus Abbilder von Menschen erzeugt. Wie war das möglich geworden? Generative Modelle wie GANs (Generative Adversarial Networks) und Variational Autoencoders waren der Schlüssel. Sie wurden so trainiert, dass sie nicht nur Daten klassifizieren, sondern auch neue, ähnliche Daten generieren können. Sie lernten Texte zu schreiben, Bilder zu zeichnen und sogar Musik zu komponieren.

Ein großer technologischer Durchbruch gelang mit den sogenannten Sprachmodellen. GPT etwa ist das Bekannteste und wurde entwickelt von OpenAI, LaMDA stammt von Google, LLaMA von Meta, Claude von Anthropic. Das sind hoch entwickelte Systeme auf der Basis maschinellen Lernens, die darauf spezialisiert sind, menschliche Sprache zu verstehen und zu generieren. Der Lernprozess beginnt mit der Sammlung einer großen Menge an Textdaten aus diversen Quellen wie Büchern, Websites und wissenschaftlichen Artikeln. Diese Daten dienen als Grundlage für das Training des Modells. Im Kern bestehen Sprachmodelle aus neuronalen Netzen mit einer bestimmten Architektur. GPT-4 verwendet beispielsweise eine Architektur, die darauf ausgelegt ist, die komplexen Beziehungen zwischen Wörtern und Phrasen in einem Text zu erfassen. Während

Was im November 2022 mit ChatGPT startete, hat sich zu einer Massenbewegung entwickelt, der sich kein Softwareanbieter entziehen kann.

des Trainings versucht das Modell, Muster in den Daten zu erkennen. Es lernt, wie Worte und Sätze in der menschlichen Sprache üblicherweise strukturiert sind, und analysiert Wahrscheinlichkeiten für die Beziehungen zwischen verschiedenen Worten. Zum Beispiel lernt es so, dass das Wort Katze oft in der Nähe von Worten wie Tier, streicheln oder füttern erscheint. Nachdem das Training abgeschlossen ist, wird das Modell mit einem neuen, unbekannten Datensatz getestet. Dies gibt den Leuten in den Entwicklungsabteilungen dann eine Vorstellung davon, wie gut das Modell mit neuen Daten arbeiten kann. Am Ende kann so ein Modell dann für verschiedene Anwendungen eingesetzt werden, von der Generierung von Roman- und Brieftexten über die Übersetzung bis hin zur Beantwortung von Fragen. Verbessert werden diese Systeme entweder durch das Training mit neuen Daten oder durch eine Anpassung ihrer Parameter, ihrer Architektur und nicht zuletzt auch durch die verwendete Hardware.

Ähnlich funktionieren Bildgeneratoren, wie etwa Midjourney oder DALL-E, nur dass sie anstatt Sprache Bilder erstellen können. Hinzu kommt, dass auch Standardsoftware wie Adobe Photoshop, Microsoft Office oder Google Workspace die Integration von Text- und Bildgeneratoren in ihre Programme einbauen. Was im November 2022 mit der ersten öffentlichen Version von ChatGPT startete, hat sich innerhalb kürzester Zeit zu einer Massenbewegung entwickelt, der sich kein Softwareanbieter oder Plattformbetreiber mehr entziehen kann. Ebenso sieht es mit uns Nutzern und Unternehmen aus. Sie erinnern sich an meinen Freund, den Lehrer? «Wenn in einer Schulklasse 80 Prozent der Schülerinnen und Schüler generative KI verwenden, müssen auch die übrigen 20 Prozent nachziehen, um nicht deutlich schlechtere Ergebnisse abzuliefern.» Heimlich werden so Inhalte, die von Algorithmen assistiert erstellt und bearbeitet wurden, zum neuen Standard.

Die «Mad Cow Disease» in der künstlichen Intelligenz

Die richtige Ernährung für Algorithmen

Können Sie sich noch an den Rinderwahnsinn erinnern? Die Hausrinder hatten sich mit der Tierseuche BSE infiziert, weil sie mit Tiermehl aus Schlachtabfällen und verendeten oder erkrankten Schafen, darunter deren mit Scrapie infizierten Gehirnen, gefüttert wurden. Derart erkrankt, spielten sie verrückt, griffen andere an und machten absurde Bewegungen und Geräusche. Algorithmen kann es genauso gehen. Die «Mad Cow Disease» in der künstlichen Intelligenz bezieht sich darauf, dass KI-Systeme bei der Interpretation von Daten versagen können, wenn die Modelle vorher mit synthetischen Daten gefüttert werden, also Daten, die nicht aus der realen Welt stammen, sondern künstlich erzeugt wurden. Synthetische Daten werden oft im Training eingesetzt, um Lücken bei realen Daten zu füllen. Das führt jedoch immer häufiger zu Problemen. Ähnlich wie bei einer Kuh, die mit minderwertigem Futter gefüttert wird, kann die Gesundheit der KI durch synthetische Daten beeinträchtigt werden – sie produziert unzuverlässige oder gar schädliche Ergebnisse. Stellen Sie sich vor, eine KI wird darauf trainiert, medizinische Diagnosen zu stellen. Wenn die zugrunde liegenden synthetischen Daten nicht die komplexen Nuancen der menschlichen Physiologie und Pathologie reflektieren, könnte die KI dazu neigen, Diagnosen zu stellen, die weit von der Realität entfernt sind. Das könnte bedeuten, dass Menschen fälschlicherweise als krank oder gesund eingestuft werden, mit potenziell lebensbedrohlichen Konsequenzen. KI-BSE manifestiert sich aber nicht nur in spezialisierten Anwendungen; es kann auch im Alltag auftauchen. Wenn Nachrichtensysteme mit synthetischen Daten trainiert werden, die etwa bestimmte Ideologien, Vorurteile oder Falschinformationen widerspiegeln, kann dies zu einer verzerrten öffentlichen Wahrnehmung führen. Eine Infodemie, also eine Flut von Fehlinformationen, könnte durch KIs, die mit problematischen synthetischen Daten gefüttert wurden, noch verschlimmert werden.

Es ist deshalb von entscheidender Bedeutung, die Qualität der Daten, mit denen KIs trainiert werden, sorgfältig zu überwachen. Ironischerweise könnte dies zumindest in den folgenden Jahren zu einer regelrechten Jagd auf echte, menschengemachte Qualitätsinhalte führen. Ich stelle mir vor, dass Technologieunternehmen Höchstpreise für die Arbeit von Autorinnen oder Journalisten zahlen. Nicht etwa, weil diese Artikel gelesen würden, sondern weil sie Qualitätsfutter für Algorithmen darstellen. Ich sehe vor mir, wie Meta synthetische Inhalte auf den eigenen Plattformen kenntlich macht, damit nur echte Nutzerinhalte für die eigenen Systeme als Trainingsdaten herangezogen werden können. Ich denke mir aus, dass der Suchmaschinenbetreiber Baidu in China die kompletten Musikkataloge oder Filmdatenbanken von Studios aufkauft, nur um zu verhindern, dass auch andere Firmen ihre Algorithmen anhand dieser Meisterwerke trainieren.

Kann künstliche Intelligenz genauso kreativ sein wie der Mensch oder vielleicht sogar kreativer?

Wer ist kreativer?

Ich hatte erzählt, dass mich bei Veranstaltungen, selbst bei Wirtschaftsunternehmen, irgendwann immer die Frage erreichte: «Kann künstliche Intelligenz genauso kreativ sein wie der Mensch oder vielleicht sogar kreativer?» Dahinter steckt eine Art Urangst: Wir sehen uns als Krone der Schöpfung. Anders als andere Spezies benötigen wir nicht endlose Generationen, um uns mittels genetischer Auswahl an die Umwelt anzupassen, sondern wir können dies mit unserem Kopf in der Sekunde erledigen, in der eine Herausforderung auftaucht. Zumindest haben wir uns das in den vergangenen paar Tausend Jahren so eingeredet.

Das meiste, was die künstliche Intelligenz vor November 2022 produziert hat, war Fachidiotie. Es gab einzelne Algorithmen, die halbwegs gute Lyrik verfassten, andere, die Fotos etwa im Stil des französischen Malers Claude Monet erzeugen konnten und wieder andere, die uns halbwegs sicher durch den Straßenverkehr bringen. Mit meiner Antwort: «Kreativ ist das nicht, aber es imitiert menschliche Kreativität schon ganz gut.» lag ich damals nicht falsch. Die großen Sprachmodelle und leistungsfähigen Bildgeneratoren, die gewaltigen Investitionen in Hard- und Software und die Steigerung der Leistungsfähigkeit der Algorithmen lassen meine Antwort heute eine andere sein: «Wir können einen Unterschied zwischen menschlicher und maschineller Kreativität nicht mehr erkennen!»

Selbstverständlich gibt es noch Ausnahmen. Wenn uns eine Sängerin auf der Straße mit ihrer Musik berührt, wenn die Kollegin einen Geistesblitz im Meeting hat, dann sind das außergewöhnliche Zeichen für menschliche Kreativität, die so nicht von einer Maschine kommen können. Auch Filme von einem genialen Regisseur wie Quentin Tarantino oder die ikonische Architektur des Japaners Tadao Andō können nur von diesen Personen kommen. Warum? Weil es Ausnahmen sind, Besonderheiten, Randerscheinungen. Das, was uns jedoch den ganzen Tag umgibt – Softwarecodes, anwaltliche Beurteilungen eines Falles, generische Popsongs, Einladungen zu Hochzeiten, Zusammenfassungen von Meetings, Designs für Websites oder Entwürfe für Wohnblöcke, ja, sogar ganz normale Gute-Nacht-Geschichten für Kinder – bei dieser Art von Alltagskreativität ist zukünftig vollkommen ununterscheidbar, ob sie von einem Menschen stammt, von einem Menschen, der eine Maschine bedient hat oder ganz autonom von einer Maschine. Willkommen in der schönen neuen künstlichen Welt.

Schöne neue Vielfalt

An der Oberfläche sehen viele Mediatheken, der Netflix-Startbildschirm, die Spotify-Playlist oder das aktuelle Kinoprogramm aus wie immer. Äußerlich ist nicht viel zu sehen von der größeren Vielfalt an KI-generierten Inhalten. Doch im Hintergrund tut sich einiges. YouTube als größte Video-Plattform nutzt KI-generierte Zusammenfassungen von Videos als Trailer, um es den Nutzerinnen und Nutzern leichter zu machen, den passenden Content zu finden. Gleichzeitig wappnet sich die Plattform ebenso wie Instagram und andere für den Ansturm synthetischer Inhalte: Bei fast allen müssen diese mittlerweile beim Upload gekennzeichnet werden, denn auch die bewegten Bilder selbst werden immer häufiger KI-generiert oder bearbeitet. Als der britische Filmemacher Scott Mann seinen Film «Fall» fertig gedreht hatte, wurde deutlich, dass die Schauspielerinnen und Schauspieler über 30-mal das verbotene Wort «Fucking» sagten. Was in Deutschland kein großes Problem wäre, verhindert in den USA die Freigabe des Films für ein Publikum ab 13 Jahren und kostet damit rund die Hälfte an möglichen Einnahmen. Anstatt nun, wie üblich, die Szenen neu zu drehen oder herauszuschneiden, nutzte Mann, nebenbei Gründer der Software-Firma Flawless, deren Co-CEO er ist, die Software TrueSync von Flawless, um die Gesichter der Schauspielerinnen und Schauspieler zu digitalisieren und dann so zu verändern, dass statt des verbotenen

Auf Nachfrage erfuhr er, dass das Unternehmen seine Stimme von IBM gekauft hatte.

Wortes Alternativen wie «Freaking» aus den Mündern kam. Doch das war nicht der einzige Einsatzzweck. Auch für die internationale Synchronisation nutzte das Team diese Software. Und so kann man den Film auf Japanisch oder Spanisch sehen, und die Lippenbewegungen der Schauspielerinnen und Schauspieler sind tatsächlich synchron zu diesen neuen Sprachen.

Das ist technologisch identisch mit Deepfakes, nur deutlich legaler. Im Film *Indiana Jones and the Dial of Destiny* wurde ähnliche generative künstliche Intelligenz benutzt, um den über 80-jährigen Harrison Ford zu verjüngen. Denn was als Digitalisierung und Modulation von Gesichtern und Mimik möglich ist, kann selbstverständlich auch auf ganze Körper oder Szenen angewendet werden. Auch erste Stimmklone von Schauspielern sind schon in der Welt, allerdings noch oft ohne das Wissen der Originale. So entdeckte der britische Schauspieler Greg Marston seine Stimme auf der Website der Firma Revoicer. Auf Nachfrage erfuhr er, dass das Unternehmen seine Stimme von IBM gekauft hatte. Weitere Recherchen ergaben, dass IBM auf der Basis eines 18 Jahre alten Vertrages zum Einsprechen von Navigationsdaten das Recht ableitete, die Aufnahmen wiederzuverwenden und als Stimmklon zu verkaufen. Glaubt man den Diskussionsforen über Verträge von Aufnahmestudios, so müssen Schauspielerinnen und Schauspieler immer häufiger digitalisierten Versionen ihrer Stimme, ihres Gesichts und Körpers auch für zukünftige Produktionen zustimmen. Die streikenden Schauspielerinnen oder Drehbuchautoren von Hollywood ahnten, was auf sie zukommen wird: Ideen, Sprachstil, Stimmen, Gesichter und Körper werden zu digitalen Assets, auf deren Basis Produktionen zukünftig schneller, lokaler und günstiger durchgeführt werden können. Was für die Profis in diesen Branchen eine echte Bedrohung ist, führt bei der Nutzung von Unterhaltungsmedien zu einer größeren Vielfalt, deutlich verbesserter Sprachsynchronisierung und einer besseren Qualität von Spezialeffekten. Die Vielfalt an Content nimmt zu, und durch günstigere Produktionsbedingungen können zukünftig selbst Nischengeschmäcker bedient werden.

Ungehörte Stimmen

Unabhängige Filmproduktionen und kleinere Projekte profitieren davon, wenn sie Teile des Produktionsprozesses automatisieren können. Das beginnt mit dem Schreiben und Analysieren von Drehbüchern, um beispielsweise die Struktur, das Tempo und die Dialoge zu verbessern. Gerade kleinere Projekte haben keine Profis für jede Aufgabe im Team. Mit dem Einsatz von KI-gestützter Software können Filmemacher auf der Grundlage weniger vorhandener Daten völlig neue Szenen, Charaktere und ganze Filmteile erstellen. Einen deutlichen Unterschied wird das Publikum auch bei visuellen Effekten merken. Hier sind mittlerweile atemberaubende Bilder in einer Qualität möglich, die sich früher nur große Studios mit gigantischen Budgets leisten konnten. Üblich werden synthetisch erzeugte 3-D-Modelle und Animationen. Algorithmen entfernen unerwünschte Gegenstände oder fügen neue Bestandteile zu einer Szene hinzu. Der VFX-Künstler Evan Halleck zeigte mir auf einer Medienkonferenz im Sommer 2023, wie zum Beispiel die aufwendige Bearbeitung von Schnittmasken, um Personen vor Hintergründen freizustellen, nicht mehr Bild für Bild erfolgen muss. Stattdessen erkennen die Algorithmen entsprechender Werkzeuge die Person und stellen sie für eine ganze Sequenz innerhalb eines Wimpernschlages frei. Laut Halleck führe diese Erleichterung aber auch dazu, dass er ständig Anfragen bekäme, «einen KI-Job für

10 000 Dollar zu machen», der früher deutlich mehr Geld brachte.

Wenn die Produktionskosten stark sinken, wird es sogar möglich, kurze Formate nur durch die im Umfeld geschaltete Werbung zu refinanzieren. Für Nutzerinnen und Nutzer steigt dadurch die Vielfalt an Inhalten. Manche sprechen sogar von einer Demokratisierung der Filmbranche. Die bittere Pille: Diese Kostenreduktion gilt natürlich auch für Filme, deren Macher einen politischen oder einen Lobby-Auftrag haben. Das können Dokumentarfilme, aber auch Kampagnen-Videos sein, die ganz gezielt dazu erstellt werden, um die öffentliche Meinung zu beeinflussen.

Durch die günstigeren Produktionsbedingungen ergeben sich auch für unabhängige Autoren, Musikschaffende oder Spieleentwickler ganz neue Möglichkeiten. Clarkesworld, ein Online-Magazin für Fantasy- und Science-Fiction-Geschichten, musste zeitweilig die Upload-Funktion für neue Inhalte einstellen: Unzählige, mithilfe von generativer KI erstellte Einreichungen hatten die Redaktion geflutet. Die waren zwar zum Großteil recht einfach gestrickt. Es dürfte aber nicht lange dauern, bis die Qualität von Geschichten, die durch die Zusammenarbeit von Mensch und Maschine entstehen, deutlich steigt.

In der Musikbranche hat das Erstarken von Social Media dazu geführt, dass Schlafzimmer-Künstler und Hobby-Sängerinnen über Nacht zum Star werden können. KI-Werkzeuge, die von der Komposition über die Instrumentierung bis hin zum Gesangspart alle Bestandteile eines Songs übernehmen können, reduzieren die Aufwände, um

Nicht mehr der Zugang
zur Vielfalt ist Luxus,
sondern vielmehr
die Begrenzung, die
Kuratierung, die
Einschränkung.

Musik zu produzieren, noch weiter. Und das wird den Output ganz sicher weiter anwachsen lassen. Sir Lucian Grainge, der CEO der Universal Music Group, schätzte auf einer Konferenz, dass jeden Tag 100 000 neue Tracks hochgeladen werden – und das war 2022, bevor generative KI ihren Siegeszug begann. Allein beim Streamingdienst SoundCloud waren es Mitte 2023 schon 120 000 Tracks jeden Tag. Das führt zu der absurden Situation, dass es oft mehr Titel gibt als mögliche Hörer. SoundCloud gibt an, dass dort rund 24 Prozent der Titel kein einziges Mal gespielt worden sind.

Und so sorgt generative KI zwar dafür, dass es eine unendlich erweiterte Vielfalt an Songs gibt. Allerdings ist die Zahl möglicher Medieninhalte bereits heute so groß, dass nicht mehr der Zugang zur Vielfalt Luxus ist, sondern vielmehr die Begrenzung, die Kuratierung, die Einschränkung. Apple Music behauptet, bei der Zusammenstellung von Playlisten sehr stark auf menschlichen Geschmack zu setzen, ein Gegentrend, den auch andere Streamingdienste aufgreifen. Und das ist ein Aspekt, der uns in Bezug auf synthetische Medien noch häufiger begegnen wird: die Sehnsucht und Rückkehr zum Menschengemachten.

Zu Hause in der Welt

Es wäre verwunderlich, wenn nicht findige Menschen mit den neuen Möglichkeiten einfach Bücher, die in einer Fremdsprache geschrieben wurden, automatisiert übersetzen und dann als Selfpublishing-Titel einreichten. Ruhm und Ehre sind damit sicherlich nicht zu gewinnen, denn wenn der Schwindel auffliegt, drohen womöglich Strafen. Aber ein paar Hundert Verkäufe können auch schon mal einen schnellen Gewinn bedeuten. Tatsächlich beklagt genau ein solches Vorgehen das European Writers Council in einer Analyse aus dem September 2023: «Wir haben Fälle beobachtet, in denen Bücher illegal aus der englischen Originalsprache zum Beispiel ins Spanische und Portugiesische mittels Roboter-Übersetzung ohne Lizenz übersetzt und unter einem anderen Namen, meist bei Amazon Selfpublishing und oft sogar mit einem KI-Cover versehen, veröffentlicht wurden. Die Autorennamen wiederum ähneln absichtlich bekannten Namen. Die Einnahmen fließen an unbekannte Quellen.»

Für Leserinnen und Leser erhöht sich allerdings auch die Zahl der legal übersetzten Buchtitel in den kommenden Jahren deutlich, weil die Kosten für Übersetzungen sinken und dadurch eine größere Vielzahl an Nischen-Titeln verfügbar werden. Funstory.ai etwa, ein chinesisches Unternehmen, hat sich darauf spezialisiert, mittels maschinellem Lernen chinesische Romane zu übersetzen und dann als Lizenztitel ins Ausland zu verkaufen. Tong Ye, der CEO, gibt an, dass der Zeitraum zwischen Übersetzung und Veröffentlichung im besten Fall nur 48 Stunden beträgt. Üblicherweise dauert dieser Vorgang etliche Monate, wenn nicht sogar Jahre. Doch selbst, wenn der Prozess nicht vollautomatisch abläuft, sind KI-gestützte Übersetzungsprogramme schon heute wichtige Werkzeuge, auch für professionelle Übersetzerinnen und Übersetzer.

Zwischen einem möglichen neuen Buchtitel und einer Leserin stehen meist Verlag und Handel. Bei Verlagen entscheidet dann zum Beispiel eine Lektorin darüber, ob ein Titel – übersetzt oder in Originalsprache – überhaupt gut genug ist für den Markt. Sie übernimmt damit die Aufgabe, aus dem Meer an möglichem Content eine Auswahl zu treffen. Auch sie bekommt zukünftig besseren Zugang zu möglichen neuen Inhalten von überall aus der Welt, was hoffentlich die Verlagsprogramme bunter, vielfältiger und internationaler machen wird. Das wird allerdings nicht dazu führen, dass, anders als bei Social Media oder in der Musik, unendlich viele Bücher publiziert und hergestellt werden, denn verlegt wird nur, was Erfolg verspricht. Anders sieht es auf Plattformen wie Amazon Self Publishing aus. Hier kann jeder publizieren. Ganz sicher wird es deshalb ein neues Segment für schnell übersetzte Titel aus der ganzen Welt geben, die in erster Linie digital oder mobil konsumiert werden.

KI-gestützte Übersetzungen werden auch in anderen Mediengattungen dazu führen, dass die Welt zum Dorf wird. Bereits jetzt finden sich viele Beispiele für internationale Erfolge, nicht zuletzt auch deshalb, weil TikTok, YouTube oder Instagram globale Phänomene sind. Wer Lust hat, kann japanischen Köchinnen beim Zubereiten traditioneller Omelette zusehen oder australischen Gogo-Tänzern beim Erklären von Tanzschritten zusehen und sich dabei Übersetzungen in die eigene Muttersprache als Text einblenden lassen. Dafür ist auch heute schon künstliche Intelligenz zuständig.

Zugang für alle

Ohrenkuss ist ein Magazin.

Es wurde 1998 gegründet.

Alle Texte im Magazin sind von Menschen mit Downsyndrom geschrieben.

1998 dachte man noch: Menschen mit Downsyndrom können nicht lesen und schreiben.

Ohrenkuss-Autorin Anna-Lisa Plettenberg sagt dazu:

«Ich will, dass alle wissen: Menschen mit Downsyndrom können lesen, schreiben und rechnen. Und dass die schlau sind!»

Dieser Text ist in einfacher Sprache geschrieben und erklärt verständlich, weshalb es das sehr schöne Magazin Ohrenkuss gibt. Obwohl ich mich beruflich den ganzen Tag mit Sprache beschäftige, sind Texte in leichter Sprache für mich immer eine Erholung. Ich mag es, dass sie ohne Nebelbomben und Wichtigtuerei auskommen und einfach nur versuchen, den Kern einer Aussage zu vermitteln. Kein Wunder also, dass eine der beliebtesten Rubriken im Magazin brand eins die «Leichte Sprache» ist. Dort, wie auch in seinen Büchern, übersetzt der Autor Holger Fröhlich komplexe Texte, wie politische Reden, wirtschaftliche Definitionen oder Pressetexte, in verständliches Deutsch. Diese offizielle Form von Sprache ist so aufgebaut, dass auch Menschen, die keine Muttersprachler sind oder Einschränkungen beim Lesen oder Schreiben haben, sie leicht verstehen können. Sätze in einfacher Sprache müssen zum Beispiel kurz sein, Fremdwörter werden vermieden und komplizierte Begriffe in eigenen kurzen Sätzen erklärt. Mittlerweile gibt es einige Apps und Websites, die solche Übersetzungen automatisiert vornehmen, etwa das deutsche Start-up Summ AI. Die Mitgründerin Flora Geske erklärt, vor welchen Problemen viele Leute stehen: «Meine Tante braucht aufgrund einer Behinderung leichte Sprache, und so kenne ich das Thema von klein auf. Sie interessiert sich sehr für Politik, aber die meisten Artikel und Informationen sind voll von Schachtelsätzen und Fremdwörtern. Da hat sie keine Chance, und das wollte ich unbedingt ändern!»

Auch einige Textgeneratoren können in einfacher Sprache formulieren, und bald wird diese Funktion sicher auch in Office-Software und in Betriebssystemen verankert sein. Stellen Sie sich vor, wie mühsam es für ein Kind mit Lerneinschränkung ist, sich durch komplizierte Schulbücher zu kämpfen. Mit solchen Tools könnte das vorhandene Material in einfache Sprache übersetzt werden, sodass das Kind den Stoff besser verstehen kann. Auch der Alltag wird leichter, denn ob es um wichtige Verhaltensregeln, Medikamenten-Hinweise, Nachrichten oder Gebrauchsanweisungen geht, der Zugang zu klarer und leicht verständlicher Information ist für mehr Menschen entscheidend, als wir üblicherweise denken. Und wir haben eine Verpflichtung, alle mitzunehmen, sagt Flora Geske: «Wir können nicht hinnehmen, dass Menschen außen vor bleiben – bei Bildung, Jobs, wichtigen Informationen und unserem gesellschaftlichen Diskurs. Und das haben wir selbst in der Hand! Alle Behörden und Unternehmen müssen die Perspektive wechseln und sich fragen: Ist das, was ich an Texten an meine Bürger/-innen oder Kund/-innen rausgebe, wirklich für alle verständlich?»

Experten gehen davon aus, dass 10 bis 14 Millionen Menschen in Deutschland von leichter Sprache profitieren. Denn auch soziale Isolation ist ein ernsthaftes Problem für viele mit kognitiven Einschränkungen. Einfache Sprache ermöglicht es, soziale Medien zu nutzen, Bücher zu lesen und am öffentlichen Diskurs teilzunehmen. Die Chance, überall und jederzeit in synthetisierter einfacher Sprache zu kommunizieren, hilft aber nicht nur denen, die sie lesen, sondern auch denen, die sie verwenden. Ärzte, Lehrerinnen und Angehörige können einfache Sprache verwenden, um komplexe Informationen oder Anweisungen verständlich zu machen und beispielsweise als Text mitzugeben. Ich kenne nur wenige Anwendungen für synthetische Inhalte, die mir auf den ersten Blick so sehr einleuchten wie in diesem Bereich.

Schließlich gibt es viele Menschen, die Medien nur mit Einschränkungen konsumieren können. Manche sind blind oder können altersbedingt immer weniger sehen, manche haben einen Hörverlust oder waren schon immer taub, manche sind in Bewegung oder Sprache eingeschränkt. Andere haben Probleme, umfangreiche Informationen zu verarbeiten. Wir alle gehören im Lauf unseres Lebens irgendwann zu einer dieser Gruppen. Die Digitalisierung hat neue technische Möglichkeiten für Information und Kommunikation gebracht – das ist bei generativer künstlicher Intelligenz nicht anders. Einige Beispiele wurden in diesem Buch bereits angesprochen: Durch die automatische Untertitelung von Serien oder Filmen gewinnen Menschen, deren Hörvermögen eingeschränkt ist. Die Fähigkeit von smarten Lautsprechern, Fernsehern oder Mobiltelefonen, menschliche Sprache zu verstehen und in Befehle umzuwandeln, hilft Leuten mit körperlichen Einschränkungen bei der selbstständigen und vielfältigen Gestaltung ihres Alltags, der Automatisierung des Haushalts, der Organisation von Terminen oder dem Vorlesen von Kochrezepten.

Durch die Entwicklung synthetischer Medien kommen weitere neue Möglichkeiten hinzu. Hier leistet insbesondere die Sprachsynthese einen unschätzbaren Beitrag zur sozialen Inklusion. Dabei kann vieles, was noch vor Jahren teure Software und enorme Rechenpower beanspruchte, heute im Smartphone geschehen. Bei Apple kann man beispielsweise einen Klon seiner eigenen Stimme erstellen, der auf dem Handy gespeichert wird – und bei einem Verlust der eigenen Stimme hilft, mit anderen zu kommunizieren. Generell kann Sprachsynthese für Menschen mit Sprachbehinderungen oder Einschränkungen die entscheidende Brücke zur Außenwelt sein. Durch Geräte, die Text in gesprochene Sprache umwandeln, können sie ihre Gedanken, Gefühle und Bedürfnisse äußern, was sonst schwierig oder gar unmöglich wäre. Auch für Menschen mit Lese- und Schreibschwächen wie Dyslexie kann Sprachsynthese hilfreich sein. Text-zu-Sprache-Software kann Bücher, Arti-

Wer eine Seh-
behinderung hat,
dem dient die
synthetische Sprache
zur Orientierung.

kel oder Unterrichtsmaterialien vorlesen, sodass der Lernstoff leichter aufgenommen werden kann. Wer eine Sehbehinderung hat, dem dient die synthetische Sprache in Kombination mit anderen Technologien wie GPS oder Karten-Apps zur Orientierung auch in neuen Umfeldern. Durch die gesprochenen Anweisungen können sie sich sicher und eigenständig bewegen. Teilweise gibt es auch schon Apps, die mit der Kamera ein Bild von der Umgebung machen und erklären, welche Szenen oder Personen sie sehen. Und nicht zuletzt, so ist zumindest meine Wette, werden durch die Synthetisierung von Sprache virtuelle Assistenten, wie Alexa, Siri oder Google Assistant, endlich in der Lage sein, auch sinnvolle Aufgaben für uns zu erledigen.

Ich habe mit Aaron Jones über die Möglichkeiten durch synthetische Stimmen und Avatare gesprochen. Er ist Mitgründer und CEO des KI-Unternehmens Yepic in London. Zum Zeitpunkt unseres Gesprächs beendete er gerade ein Projekt für Oman. Dort wurden Wahlen durch generative künstliche Intelligenz begleitet. Jones' Unternehmen generierte Videos und Audios auf der Grundlage von Daten. Oman hoffte, mit diesem Projekt mehr Menschen für die lokalen und landesweiten Wahlergebnisse zu interessieren. Innerhalb von Sekunden nach Bekanntgabe der Wahlergebnisse mussten Hunderte von Videos erstellt werden, in denen synthetische Moderatoren und Sprecher die Ergebnisse für die einzelnen Regionen vorlesen und interpretieren, wie in einer Nachrichtensendung. Dies konnte auch in verschiedenen Sprachen geschehen. Menschen, die gesprochene Sprache besser verstehen als schriftliche Texte, werden bislang meist von traditionellen Medien wie dem Fernsehen bedient. Für Jones ist das nur eine Frage der Zeit: «In den nächsten fünf Jahren werden KI-Tools zunehmend für einzelne Effekte oder Inhalte verantwortlich sein. Aber in zehn Jahren werden sie ein echter Konkurrent für traditionelle Bewegtbildmedien wie Film sein.»

Mit Software wie der von Yepic lassen sich heute schon Avatare aus Fantasiegestalten oder beliebigen Fotos von Menschen erstellen, aber auch live Gespräche in Zoom in andere Sprachen synchronisieren. So kann ich auf Deutsch an einem Meeting teilnehmen, meine Gesprächspartner sehen mein Gesicht, hören aber meine Stimme auf Portugiesisch, Russisch oder Griechisch. Inklusive der passenden Lippenbewegungen.

Auch für solche Liveübersetzungen werden Trainingsdaten verwendet, die ebenso vorurteilsbelastet sein könnten, wie wir das aus Geschichten über wild gewordene KIs in den vergangenen Jahren erfuhren. Jeder von uns dürfte deshalb ein großes Interesse daran haben, dass KI von sauberen und fairen Daten trainiert wird, wenn unsere eigene Stimme in eine andere Sprache übersetzt wird und einzelne Begriffe dabei womöglich andere, negative Bedeutungen bekommen könnten.

Synthetisierte Inhalte
haben das Potenzial,
die Bildungslandschaft
zu erneuern.

Bessere Bildung

Es braucht nur wenig Fantasie, um sich vorzustellen, wie auch Bildung von dieser neuen Vielfalt an Möglichkeiten profitieren kann. Vor wenigen Jahren besuchte ich einen Verlag in Südkorea, dessen Fokus die Vorbereitung auf staatliche Prüfungen war. Anders als bei anderen Bildungsverlagen, gab es keine dicken Wälzer, welche die Lernenden durcharbeiten mussten, sondern eine personalisierte Lernplattform. Der Verlag setzte auch künstliche Intelligenz ein, um auf Tests vorzubereiten. Größter Unterschied: Das Produktversprechen war das Bestehen der Prüfung und nicht das Bereitstellen aller theoretisch relevanten Inhalte.

Solche E-Learning-Plattformen werden zukünftig generative KI nutzen, um eine Vielzahl von Übungsmaterialien in unterschiedlichen Schwierigkeitsgraden zu erstellen, die jeweils an den aktuellen Wissensstand der Lernenden angepasst werden. Diese Technologie kann auch in die Entwicklung von Bildungsspielen und interaktiven Lern-Anwendungen einfließen. Mit fortschrittlicher Spracherkennung und -synthese sind sogar realistische Dialoge mit der KI, beispielsweise in Sprach-Lern-Apps, möglich.

Synthetisierte Inhalte haben das Potenzial, die Bildungslandschaft zu erneuern, weil sie maßgeschneiderte Lernerfahrungen für alle Altersgruppen liefern können. Eine Lehrerin kann auf dynamische Inhalte zurückgreifen, die in Echtzeit an den individuellen Lernstil und die Fähigkeiten eines bestimmten Schülers angepasst werden. Theoretisch wären dadurch differenzierte und persönliche Lernerfahrungen möglich, die dazu beitragen, dass alle ihr volles Potenzial entfalten können. Praktisch ist natürlich vor allem im staatlichen Schulsystem noch völlig unklar, wie eine Bewertung, Freigabe oder Kontrolle solcher Inhalte geregelt werden könnte. Bildungsverlage in Deutschland machen sich bereits daran, solche Plattformen bereitzustellen, sie haben gegenüber Technologieanbietern aus anderen Ländern zumindest den großen Vorteil, bereits bekannt oder zertifiziert zu sein. Doch ist man vor allem in Amerika, Südkorea oder China technisch schon weiter. Bei der Khan Lab School in Palo Alto etwa. Die Schule setzte früh die KI-Software Khanmigo als Mathematik-Hilfslehrerin ein. Wenn Kinder an Aufgaben mit Gleichungen, Funktionen oder Diagrammen arbeiten und Fragen haben, können sie diese in einer Chat-Box stellen. Das Programm erklärt dann mögliche nächste Schritte oder lenkt die Aufmerksamkeit auf konkrete Elemente am Bildschirm, mit denen die Kinder dann selbst der Lösung näherkommen sollen.

Diese Art der Inhaltsvermittlung könnte auch einen Beitrag zur Chancengleichheit leisten. Egal ob eine Schülerin in einer abgelegenen ländlichen Gegend oder in einer großen Stadt lebt – der Zugang zu hochwertigen Bildungsmaterialien ist überall über das Internet möglich. So könnten sogar Fächer angeboten werden, für die es lokal gar keine Lehrkräfte gibt. Ergebnis wäre ein gleichberechtigtes Bildungssystem, in dem der sozioökonomische Status oder der Wohnort der Lernenden weniger Einfluss auf ihre Bildungschancen haben als heute. Gleiches gilt auch für die Erwachsenenbildung und die berufliche Weiterbildung. Hier gibt es weniger Regeln und damit mehr Freiheit, auch für neue Anbieter auf dem Markt. Synthetische Inhalte können dazu beitragen, dass Lernende mit sehr unterschiedlichen Hintergründen schneller und effizienter neue Fähigkeiten erwerben und bestehende Kenntnisse auffrischen. Beispielsweise können Inhalte in Echtzeit aktualisiert und um konkrete Anwendungsfälle aus Unternehmen angereichert werden, um so neuen Standards oder Erkenntnissen zu entsprechen. In schnelllebigen Branchen ist das ein unschätzbarer Vorteil.

Oder es können bessere Lernumgebungen geschaffen werden. Wir wissen aus vielen Studienprojekten, dass das Eintauchen in virtuelle Welten dazu beiträgt, neues Wissen auch emotional im Kopf zu verankern. Bislang war es aufwendig und teuer, solche Filme und spieleartigen Umgebungen zu erstellen. Avatare, Inhalte oder Welten, die von künstlicher Intelligenz gesteuert werden, ändern alles. Sie können nun auch für ganz alltägliche Lerninhalte wie sogar den Fahrschulunterricht verwendet werden, um das Wissen durch Simulationen oder interaktive Übungen zu vertiefen. Dies ist auch in Fachbereichen wie Medizin, Ingenieurwissenschaften oder Informatik von unschätzbarem Wert, wo praktische Erfahrungen oft ebenso wichtig sind wie theoretische Kenntnisse.

Was ist noch wahr?

Während ich dieses Buch schreibe, ereignet sich auf Discord ein Drama. User Wxytiv scheint wirklich verletzt: «*Das ganze Geld wurde immer an alle Verkäufer geschickt und nie auf mein Bankkonto überwiesen, ich habe immer alles für euch alle getan. Ich bin wirklich untröstlich, dass es solche furchtbaren Menschen gibt.*» Wxytiv meint mit den furchtbaren Menschen beispielsweise Liz und Haley, über die er auch mit deutlichen Worten schimpft: «*Laut 2 LITTLE BITCHES auf diesem Server, die behaupten, dass die Songs, für die ich hart gearbeitet habe … FAKE sind*». Wenig später verlässt Wxytiv gekränkt die Community und postet dramatisch das Bild einer sich schließenden Tür.

Was war passiert? Wxytiv hatte Songs von Harry Styles und der Boygroup One Direction in deren Discord-Fan-Communitys angeboten. Songs allerdings, die nicht veröffentlicht worden sind, angeblich kamen sie direkt aus den Studios. Was sich nun anhört wie ein Teeniestreit, scheint tatsächlich der öffentlich ausgetragene Disput um eine ziemlich kriminelle Handlung zu sein: Diebstahl. Doch es kommt noch besser. Wxytiv beschwert sich nämlich nicht etwa darüber, dass er erwischt wurde – gegenüber der Website 404Media gibt er es sogar zu: «Viele der unveröffentlichten Songs stammen von mehreren Hackern, sie wurden durch E-Mail-Betrug, Phishingangriffe auf die Produzenten oder Künstler usw. erlangt.» Wxytiv fühlt sich vielmehr in seiner Diebesehre angegriffen. Denn Liz und Haley zweifeln die Echtheit der angeblich gestohlenen Songs an. Für sie handelt es sich um AI-Fakes. Lieder, in denen irgendjemand die Stimmen der berühmten Sänger geklont und zu neuen Songs zusammengestellt hat. Hinzugezogene Fachexpertise kann auch nicht weiterhelfen, denn kaum einer der Songs kann von KI-basierten Werkzeugen mit hundertprozentiger Sicherheit als Fake entlarvt werden. Und so sind die Fans in der Community schnell erbost über die Möglichkeit, hohe Summen für falsche Lieder gezahlt zu haben. Ironischerweise kommt niemandem in dieser Community in den Sinn, dass womöglich gerade der Diebstahl echter Lieder ihren so geliebten Stars den meisten Schaden zufügen würde. Harry Styles und One Direction verhalten sich während der Debatte auffallend ruhig.

Diese Geschichte wirft eine Frage auf, die wir uns alle in den kommenden Jahren sehr häufig stellen werden: *Ist das ein Fake?*

Fakes kennen wir als Deepfake in Schlagzeilen über russische Kriegspropaganda oder falsche Porträts vom Papst in einer hippen Daunenjacke. Mit Fake Media bezeichnen wir einen Inhalt, der verfälscht, manipuliert oder aus dem Kontext gerissen wird, um eine bestimmte Erzählung, Meinung oder Agenda zu fördern. Dabei muss es sich nicht immer um komplexe Deepfakes handeln. Schon die einfache Änderung einer Bildunterschrift oder die Angabe eines falschen Kontextes kann ein echtes Foto in eine Falschnachricht verwandeln.

Die Manipulation von Informationen ist keine neue Erscheinung. Von propagandistischen Kriegsbildern bis zu sensationellen Schlagzeilen in Boulevardzeitungen – gezielte Falschinformationen gab es schon immer. Inzwischen wird der Begriff Fake News immer häufiger von der politischen Rechten zur Diffamierung von Informationen verwendet, die meist weder News noch Fake sind. Deshalb ist es angezeigt, zu unterscheiden: Desinformation wird das gezielte Verbreiten von Falschinformationen genannt, die das Ziel haben, uns aus politischem oder wirtschaftlichem Interesse zu täuschen. Misinformation ist zwar falsch oder irreführend, wird dabei aber unabsichtlich oder ohne schädliche Zielsetzung benutzt.

Was die Situation bislang schon beunruhigend machte, waren vor allem die Geschwindigkeit und das Ausmaß, mit dem solche Inhalte verbreitet werden. Ein gefälschtes Video oder Bild kann auf Social Media innerhalb von Sekunden Millionen von Menschen erreichen, lange bevor die Wahrheit ans Licht kommt. Und selbst wenn sie irgendwann ans Licht kommen sollte, ist der Schaden groß, und zu viele Menschen sind bereits vom Gegenteil überzeugt. Das Phänomen Fake Media nimmt in politischen Wahlkampfzeiten erschreckende Ausmaße an. Während früher die Informationsflut nur aus Postern, TV-Debatten und Zeitungsartikeln bestand, finden heute über Messengerdienste, von den meisten ganz unbeachtet, andere Kämpfe statt: Video-Schnipsel, die Politiker in einem schlechten Licht erscheinen lassen, Bilder mit manipulierten Zitaten, erfundene Skandale – das Repertoire der Falschinformationen ist enorm.

Wenn alles gefälscht werden kann – wem oder was können wir dann noch vertrauen?

Die Motive hinter der Verbreitung von Desinformation sind vielfältig: politische Agenda, wirtschaftliche Interessen oder schlicht und einfach das Streben nach Klicks und viraler Bekanntheit. Durch Social Media verbreitete Massenfälschungen haben Wahlsiege von Donald Trump ebenso befördert wie von der AfD, sie richten Firmen oder Personen zugrunde. Gleichzeitig wächst durch Fakes die Unsicherheit und die Aggression, inzwischen werden auch Traditionsmedien immer häufiger Opfer von Verleumdung und Journalisten oder Reporterinnen Opfer von Gewalt.

So weit, so schlecht. Denn die Flut von Falschinformationen hat bereits zu einer zunehmenden Verunsicherung geführt: Wenn alles gefälscht werden kann – wem oder was können wir dann noch vertrauen? Nun aber kommen zwei neue Gefahren hinzu: Einmal durch die schiere Menge möglicher Inhalte, die billig und automatisiert mit Algorithmen erstellt werden können. Dazu aber kommt, dass falsche Informationen auch als Trainingsdaten in Algorithmen einfließen und später unbemerkt Schaden anrichten können, indem sie beispielsweise die Qualität von Antworten auf Text-Prompts beeinflussen.

Legale und illegale Manipulation

Doch nicht jede Manipulation ist politisch motiviert und auf den ersten Blick schädlich. Eine Art der Beeinflussung, an die wir uns längst gewöhnt haben, ist Werbung. Die Branche, darauf ausgerichtet, Produkte maximal effizient an Zielgruppen zu verkaufen, wandelt sich ebenfalls massiv in einer Ära von synthetischen Medien. Und damit meine ich nicht geschönte Bilder, retuschierte Models oder aus per Computer generiertem Bildmaterial zusammengebaute Werbefilme, die gibt es schon lange. Eine neue Dimension wird durch die Kombination synthetischer Medien mit Big Data eröffnet, und die wird tiefgreifende Auswirkungen auf die Werbebranche haben. Künstliche Intelligenz wird künftig Texte, Bilder, Sounds oder Videos für individuelle Ausspielungen erstellen, die abhängig sind von Nutzersituation, dem Umfeld oder den Hintergrunddaten. So werden dann etwa KI-generierte Banner mit Produktbildern und Texten, ja sogar Preisen in dem Moment generiert, in dem klar ist, wer sie sehen wird: Eine Urlaubsanzeige für mich wird sich in Angebot, Sprache, Optik von der unterscheiden, die an meine junge Kollegin gerichtet ist. Das Neue: Nicht Menschen haben sich vorher das Design überlegt – sondern es entsteht automatisch. Hunderte von Variationen können in Echtzeit getestet und optimiert werden, basierend auf dem Liveverhalten der Nutzer.

Daraus ergeben sich Vorteile für Werbetreibende. Sie

können punktgenau ermitteln, welche Botschaften, Bilder oder Calls-to-action am effektivsten sind. Die Möglichkeit, Werbebotschaften so genau zu personalisieren, bedeutet, dass Werbung viel relevanter und daher wirkungsvoller wird. Anstatt sich auf breit gestreute Botschaften zu verlassen, die möglicherweise nur einen kleinen Prozentsatz ansprechen, entstehen automatisierte Inhalte, die genau auf die Interessen, Vorlieben und sogar die momentane Stimmung der Einzelnen zugeschnitten sind. Die Bandbreite möglicher Inhaltstypen ist groß. Bei einer Umfrage unter US-Marketingexperten im Jahr 2023 wurden generierte Texte für E-Mails mit 44 Prozent als häufigstes bereits genutztes Anwendungsfeld genannt, gefolgt von Texten (42 Prozent) und Bildern (39 Prozent) für Social Media.

Für die Menschen vor dem Schirm ist das nicht unbedingt positiv. Die Grenze zwischen nützlicher Personalisierung und Manipulation verschwimmt schnell, vor allem, wenn es nicht nur Banner oder Anzeigen sind, sondern ganze redaktionelle Umfelder so geschaffen werden. Und wenn wir schon so weit denken, warum nicht auch ganze Shops? Steigen nicht ganz sicher die Umsätze, wenn Produktbeschreibungen und angezeigte Rezensionen genau auf mich zugeschnitten sind, indem zum Beispiel ökologische Aspekte besonders hervorgehoben werden, weil der Algorithmus weiß, dass mir das wichtig ist? Ein Albtraum, wie direkt aus der Science-Fiction-Serie Black Mirror: Ein eigenes Online-Kaufhaus für jede Person, gefüllt nur mit Dingen, die ihre innersten Sehnsüchte bedienen. Gezeigt auf Bildern, die ihr bekannt vorkommen und angepriesen in der Sprache, die am schnellsten ihr Herz und den auf «Kaufen» klickenden Zeigefinger erreicht.

Selbst für die Werbebranche gibt es nicht nur Vorteile. Während solche hochpräzisen Inhalte zu höheren Konversionsraten und effektiveren Kampagnen führen, werden sie auch den Wettbewerb verändern und die Abhängigkeit von Technologieanbietern erhöhen. Unternehmen, die nicht über die neuesten Technologien oder Daten verfügen, könnten Schwierigkeiten haben, mit ihren Konkurrenten Schritt zu halten. Oder zugespitzt: Wer Marketing und Vertrieb jetzt noch nicht digitalisiert hat, sollte sich warm anziehen. Die zuverlässigsten Lieferanten für Daten und Algorithmen sind die großen Digitalkonzerne. Schon heute werden mehr als 50 Prozent der Werbeumsätze über Google und Meta abgewickelt, weil sie Unmengen von Daten über Umfelder und Verbraucher haben und jede Werbeplatzierung mit hochpräzisen automatisierten Auktionen meistbietend versteigern. Doof, wer glaubt, dass sich dieser Anteil nicht noch steigern ließe, wenn auch die Inhalte von den Algorithmen dieser Giganten kommen. Das dürfte einer der Gründe sein, weshalb die Foundation Models von Google, Meta, Baidu, Tencent und Alibaba zu den mächtigsten gehören. Alle profitieren immens von Werbung.

Die gleichen Mechanismen funktionieren auch bei der illegalen Manipulation. Da, wo Menschen dazu gebracht werden sollen, Kontodaten herauszurücken, Geld an fiktive Prinzen zu überweisen oder das Passwort ihres E-Mail-

Die Politik ist alarmiert. KI-Systeme sollten von Menschen und nicht von der Automatisierung überwacht werden.

Kontos an Betrüger zu übermitteln. Generative Inhalte, die hervorragend personalisiert und situativ angepasst werden können, bieten den perfekten Werkzeugkasten für Betrügerinnen, Diebe und Verbrecher. So berichten Behörden bereits von interessanten Varianten des sogenannten Enkeltricks: Kriminelle nutzen Software, um die Stimmen von Angehörigen zu imitieren, die dann um Geld bitten. Auch bei Banken ist diese Masche bereits aufgetaucht, und Betrüger versuchten, sich mit Fake-Stimmen Zugang zu den Konten anderer Leute zu erschleichen.

Die Politik ist alarmiert. Die Europäische Union erklärt zu ihrem umfangreichen KI-Gesetz deutlich, wer dabei aufzupassen hat: «KI-Systeme sollten von Menschen und nicht von der Automatisierung überwacht werden, um schädliche Ergebnisse zu verhindern.» Der amerikanische Präsident Joe Biden warnte in einer Executive Order: «Ohne Schutzmaßnahmen kann die KI die Privatsphäre der Amerikaner weiter gefährden. KI macht es nicht nur einfacher, personenbezogene Daten zu extrahieren, zu identifizieren und zu verwerten, sondern erhöht auch die Anreize dafür, dass Unternehmen Daten zum Trainieren von KI-Systemen verwenden.» Um die Privatsphäre der Menschen vor den Risiken der KI zu schützen, forderte der Präsident den Kongress mit dieser Order auf, ein parteiübergreifendes Datenschutzgesetz zu verabschieden, um alle Amerikaner, insbesondere Kinder, zu schützen.

Zur Beeinflussung von Wählerverhalten können synthetische Botschaften sehr effizient verwendet werden. Während ich dieses Buch schreibe, bereiten sich die USA auf eine Präsidentschaftswahl vor, und auch in Europa stehen etliche Urnengänge an, weltweit sind es über 70 Wahlen. Vorsorglich haben fast alle großen Social-Media-Plattformen verfügt, dass insbesondere Wahlwerbung, die generative Inhalte benutzt, verboten ist oder als solche gekennzeichnet werden muss. Anscheinend fürchten sie zu Recht die manipulativen Fähigkeiten der künstlichen Inhalte – doch für eine Verbannung synthetischer Inhalte ist es bereits zu spät. Ganz abgesehen davon, dass die meisten Social-Media-Plattformen kein wirtschaftliches Interesse daran haben, Inhalte mit möglichem Aufregungs- und Verbreitungspotenzial komplett zu verbannen, ist die Gefahr der Manipulation längst real. In Taiwan tauchten in Vorbereitung auf die Präsidentschaftswahl 2023 manipulierte Audiodateien oder Videos auf, in denen die Präsidentin angeblich Werbung für Krypto-Geschäfte machte. Es stellte sich heraus, dass die Filme, wie auch viele andere Botschaften wahrscheinlich, von China als gezielte Desinformation zur Beeinflussung des Wählerwillens verbreitet wurden. Doch die taiwanesische Gesellschaft hat in den vergangenen Jahren viele Abwehrmechanismen entwickelt, um den manipulativen Einfluss chinesischer Geheimdienste zu minimieren. «Angst, Ungewissheit und Zweifel sollen uns nachts wach halten, damit wir auf neue Bedrohungen nicht mit neuen Verteidigungsmaßnahmen reagieren», erklärte Audrey Tang, Taiwans Ministerin für Digitales, in einem Interview. Zu Tangs Job gehört es, die Cybersicherheit zu verstärken, um Bedrohungen wie Desinformation zu minimieren.

In den USA tauchten im Vorwahljahr 2023 selbstverständlich auch Fakes auf. So nutzte die republikanische Partei ein Video, in dem Joe Biden seine erneute Kandidatur als Präsident verkündete – und das komplett aus gefakten und manipulierenden Bildern und Videos bestand. Es zeigte eine dystopische Zukunft, die drohe, wenn Wähler auf den demokratischen Präsidenten setzen. Für solche Fakes braucht es noch nicht einmal Parteien. Die renommierte Brookings Institution warnt davor, dass zukünftig jeder manipulieren könne: «KI wird wahrscheinlich die Desinformation demokratisieren, indem sie dem Durchschnittsbürger, der für seine bevorzugten Kandidaten werben will, ausgefeilte Werkzeuge zur Verfügung stellt. Die Menschen müssen keine Programmierexperten oder Videoassistenten mehr sein, um Texte, Bilder, Videos oder Programme zu erstellen. Sie müssen nicht unbedingt für eine Trollfarm arbeiten, um der Opposition Schaden zuzufügen. Sie können einfach fortschrittliche Technologien nutzen, um die gewünschten Botschaften zu verbreiten. In diesem Sinne kann jeder ein politischer Content Creator werden.»

Es sind vor allem vier Merkmale, die beim Einsatz von synthetischen Inhalten in der Wahlwerbung kritisch werden können.

- Erstens, die sofortige Verfügbarkeit der Inhalte. Das republikanische Video wurde zum Beispiel direkt nach Joe Bidens realer Ankündigung verschickt. Üblicherweise dauern Konzept, Produktion und Freigabe solcher Videos mindestens mehrere Tage.

- Zweitens, die Einbeziehung von aktuellen Trends oder Informationen. Künstliche Intelligenz kann das Internet in Echtzeit auf Reaktionen scannen und dann Videos, Presseveröffentlichungen, Mails, Witze oder Social-Media-Posts mit sofortiger Wirkung anpassen.
- Drittens, das ausgefeilte Targeting. Mittels KI kann jede Botschaft genau an ihre Empfängerin oder Empfänger angepasst werden. Für mich, als Berufstätigen in einer Großstadt, kann der Wahlwerbespot dann anders aussehen und klingen, als etwa für meinen Vater in Rente, der am Stadtrand lebt.
- Viertens, all diese besonderen Fähigkeiten sind zu einem Bruchteil der Kosten zu haben, die eine herkömmliche Produktion von Kommunikationsmitteln bisher gekostet hat.

Wir befinden uns derzeit in einer Echtzeit-Laborsituation und testen, wie sich eine derart starke Technologie auf demokratische Prozesse, speziell Wahlen, auswirkt. Und dabei ist Manipulation noch nicht einmal unser einziges Problem.

Essen Chinesen Babys,
wie ich es bei YouTube
gesehen habe? Ist
Susanne am Schreibtisch,
wie ihr Insta-Reel zeigt,
oder ist sie am Strand?

Wahrheit ist teuer

Eine weitere gravierende Folge synthetischer Medien werden wachsendes Misstrauen und Verunsicherung gegenüber Medien und Medienschaffenden sein – und allen, die in diesen Nachrichten vorkommen. Der hässliche Vorwurf der sogenannten Lügenpresse lässt sich schnell erweitern auf Lügenmedien, falls es der eigenen Agenda nutzt. Wenn Falschinformationen nicht von der Realität zu unterscheiden sind, wenn kein Model in der Werbung noch eine reale Person darstellt, wenn ich mich bei jeder Produktbewertung fragen muss, ob ein Bot sie gerade für mich erfunden hat, stellt sich zwangsläufig bei jeder Mediennutzung die Frage: Was ist echt? Ist das Video vom Bundeskanzler mit einer Augenklappe echt? Ist das Zitat der Klimaaktivistin tatsächlich von dieser Person gesagt worden? Sind die Bilder vom Sturm auf das Capitol echt, oder hat sie ein demokratisches Komplott erfunden? Essen Chinesen Babys, wie ich es bei YouTube gesehen habe? Wurde der neue Song von Harry Styles von ihm gesungen? Ist die Stimme am Telefon wirklich mein Enkel? Ist Susanne am Schreibtisch, wie ihr Insta-Reel zeigt, oder ist sie am Strand?

Dieses ständige Zweifeln beeinflusst unser tägliches Leben und unsere Interaktion mit der digitalen Welt. Manche werden daran verzweifeln. Manche werden dem Echten, dem Authentischen hinterhertrauern. Und fast alle werden bereit sein, für die Wahrheit zu zahlen. Mit Zeit, Daten oder Geld.

Faktenchecks und die Verifizierung von Informationen müssen zu wertvollen Alltagsfähigkeiten werden, auch wenn sie zeitintensiv sind. Die Leiterin der Jugendredaktion des spendenfinanzierten Medienunternehmens Correctiv, Hatice Kahraman, sieht darin eine mediale Grundkompetenz. Sie bildet junge Menschen zwischen 13 und 18 Jahren darin aus, wahre Quellen von falschen zu unterscheiden, wenn sie Social Media nutzen: «Uns ist wichtig, dass es so einfach wie möglich und Teil ihrer Lebenswelt ist», erklärt sie im Interview. Das sollte eigentlich ein obligatorisches Training in vielen Schulfächern werden. Denn besonders das generelle Wissen um Faktenchecks wirkt. Dr. Sabrina Heike Kessler von der Universität Zürich erklärt die Gründe: «Die Forschung zeigt, dass eine sogenannte vorherige ‹Impfung gegen Fehlinformationen› noch effektiver ist als die Bekämpfung der Fehlwahrnehmung im Nachhinein. Bei dieser ‹Impfung› geht es darum, Menschen die Risiken von verbreiteten Fehlinformationen vor Augen zu führen und gleichzeitig eine präventive Widerlegung vorzunehmen. Dies verbessert dann auch ganz allgemein deren Kompetenz, Fehlinformationen zu erkennen.»

Daneben werden auch schon seit einigen Jahren Algorithmen entwickelt, die insbesondere dabei helfen, Fake News zu erkennen. Zukünftig könnten solche Algorithmen auch gefakte Instagram-Posts, synthetische Bilder oder Videos kenntlich machen. Allein, es wäre gegen die wirtschaftlichen Interessen der Anbieter von Social-Media-Plattformen. Sie leben von Werbung. Und die lässt sich nur verkaufen, wenn sich möglichst viele Menschen möglichst lange auf der Plattform aufhalten und dabei maximal viele Inhalte konsumieren. Schon heute ist es den Plattformbetreibern meist egal, ob Inhalte wahr oder ungefährlich sind – und auch in Zukunft werden sie sich mit Händen und Füßen gegen Maßnahmen wehren, die Inhalte unattraktiver machen könnten. Aber müssen nicht Creator bei fast allen Plattformen angeben, ob ihre Inhalte generative, künstliche Intelligenz beinhalten? Das geschieht allerdings nicht unbedingt, um Fakes zu minimieren – es ist für die Betreiber auch praktisch, weil so menschengemachte Inhalte leichter herausgefiltert werden können. Und die werden gebraucht, um Algorithmen zu trainieren. Ob und in welcher Form die Information «KI inside» an uns Nutzer/-innen weitergegeben wird, ist meist offen.

Social Media und Werbung sind damit die wichtigsten Treiber für die Überflutung unserer Medienwelt mit synthetischen Inhalten. Wenn Algorithmen gegen die Flut eingesetzt werden, dürfte dies entweder auf Druck der Gesetzgeber nach zähen Verhandlungen mit Technologiekonzernen geschehen. Oder wir finden es als Teil des Betriebssystems in unseren Geräten.

Wir werden uns also hauptsächlich selbst helfen müssen. Je einfacher eine Botschaft wirkt, je gefälliger, desto lauter sollten unsere Alarmglocken klingeln. In Taiwan, das ständig mit der Sorge chinesischer Einflussnahme lebt, sind solche Warnglocken normal. Menschen werden auf Dorfplätzen, in Schulen oder Bibliotheken regelmäßig darüber informiert, wie Desinformation erkannt werden kann. In einer Ära, in der uns generative Inhalte täglich laufend begegnen und die Grenzen zwischen Wahrheit und Fiktion zusehends verschwimmen, brauchen wir alle ein grundlegendes Verständnis dafür, wie Medieninhalte generiert und manipuliert werden können. Dazu gehören auch Kenntnisse über Algorithmen und wie sie unser Verhalten und unsere Wahrnehmung beeinflussen können. Und wir müssen uns im Hinterfragen von Inhalten üben. Was sind die Quellen? Welche Absichten stehen dahinter? Wem nützt die Art der Information am meisten? Solche Fragen müssen zur Gewohnheit werden.

Ein kritischer Blick hilft dabei, eine versteckte Agenda zu erkennen. Außerdem müssen wir uns alle ein Repertoire an vertrauenswürdigen Ressourcen aufbauen: Das können beispielsweise Qualitätsmedien sein, die sich durch transparente Berichterstattung und einen nachprüfbaren ethischen Rahmen auszeichnen. Bei den meisten etablierten Medien gibt es Dokumentare oder Faktencheckerinnen, die akribisch Quellen und Belege suchen. Ein Teil deiner Strategie kann ein Abo sein für ein Medium, dessen Redaktion du besonders vertraust und bei der eine Journalistin fair dafür bezahlt wird, echte Arbeitszeit in das Prüfen von Fakten zu stecken. Das können Spenden oder Mitgliedsbeiträge für Organisationen sein, die im Dienste der Gemeinschaft Fakten prüfen. Nutzende profitieren dabei nicht nur von der Expertise ausgebildeter Fachleute, beispielsweise in der Recherche oder dem Factchecking, sondern auch von der Tatsache, dass Medien unter starker Beobachtung – auch untereinander – stehen. Verlagshäuser haben viel zu verlieren, wenn sie gegen diese Regeln verstoßen.

Du bezahlst aber auch dafür, dass andere Menschen ihre Zeit und ihre Gedanken investieren, um herauszuarbeiten, was relevant ist. Denn nicht nur die Korrektheit ist ein Vorteil von Qualitätsmedien – sie helfen auch bei der Auswahl von Relevantem, weil sie eine Vielzahl unnötiger Informationen weglassen, die uns durch die Inhaltsflut permanent zugespült werden. Selbstverständlich kommt auf Medienhäuser damit eine noch höhere Verantwortung zu als heute schon. Denn auch sie werden zukünftig unter stärkerer Beobachtung sein und unnachgiebig für fehlende Fakten oder schlechte Recherche bestraft.

Rasmus Kleis Nielsen und MacKenzie F. Common vom Reuters Institute for the Study of Journalism, einer Denkfabrik an der Universität Oxford, haben für einen Report an die United Nations zusammengefasst, was ihrer Meinung nach besonders gegen die Verbreitung von Falsch- und Fehlinformation hilft: Faktenchecks, Medienkompetenz und die Kennzeichnung von Inhalten. Während wir alle dazu aufgerufen sind, Medieninhalte zu überprüfen und uns selbst immer weiter zu Medienexperten auszubilden, sehen die beiden Forscher auch Verantwortung bei der Politik: «Regierungen, die gegen Desinformation vorgehen wollen, sind gut aufgestellt (…) wenn sie Transparenzberichte in Auftrag geben, dokumentieren, wer sich an bewährten Verfahren beteiligt (und wer nicht), und wenn sie unabhängige Fakten-Überprüfung, Medienkompetenz und Nachrichtenmedien direkt oder indirekt finanziell unterstützen.»

Man könnte also sagen, dass generative künstliche Intelligenz einer der größten Raubzüge in der Geschichte der Menschheit ist.

Gestohlene Intelligenz

Eine schlechte Nachricht habe ich dir schon übermittelt: Du wirst für wahrscheinliche Wahrheiten zukünftig mehr Geld zahlen müssen als heute. In diesem Kapitel kommt eine weitere schlechte Nachricht hinzu. Obwohl, eigentlich sind es sogar drei.

Generative künstliche Intelligenz gründet auf der Verarbeitung unendlich großer Datenmengen dessen, was Menschen in der Vergangenheit geschrieben, gesagt, gemalt oder gemacht haben. In den wenigsten Fällen wurde für diese Daten bezahlt. Man könnte also sagen, dass generative künstliche Intelligenz einer der größten Raubzüge in der Geschichte der Menschheit ist. «Was soll's?», könntest du antworten. «Das interessiert mich nicht. Ist doch eher das Problem von Verlagen, Illustratorinnen, Autoren und Musikern. Und die wurden ja wohl schon einmal bezahlt, als ihre Arbeit in der Vergangenheit veröffentlicht wurde.» Da wären wir zwar unterschiedlicher Meinung, aber geschenkt. Was dir allerdings nicht schmecken wird, ist, dass du selbst in großem Umfang zum Datenlieferanten für Technologiekonzerne wirst, wenn du die Annehmlichkeiten einer synthetisch-medialen Zukunft nutzen möchtest. Das ist die schlechte Botschaft Nummer zwei. Die schlechte Botschaft Nummer drei ist: Du kannst es dir gar nicht aussuchen. Aber alles der Reihe nach.

Holger: «In wenigen Sätzen: Was ist der wichtigste Grund dafür, dass digitale Innovationsprojekte im Mittelstand scheitern?»

ChatGPT 4: «Der kritischste Faktor für das Scheitern digitaler Innovationsprojekte im Mittelstand ist oft das Fehlen einer integrierten Digitalstrategie, die eng mit dem Kerngeschäft verknüpft ist. Im Mittelstand herrscht häufig eine ‹Hands-on›-Mentalität, die zwar operativ stark ist, aber strategische Weitsicht missen lässt. Ressourcen sind zudem begrenzt: Zeit, Geld und Expertise fließen nicht im Übermaß. Diese Limitationen erhöhen das Risiko, dass Projekte unkoordiniert und ohne klare Zielsetzung angegangen werden, was zu Fehlinvestitionen und Enttäuschungen führt. In einem solchen Kontext kann die Digitalisierung, statt einen Wettbewerbsvorteil zu schaffen, zur Belastungsprobe werden.»

Damit ChatGPT so scheinbar kluge Antworten geben kann, muss es vorher mit klugen Sätzen von Menschen trainiert werden. Vielen klugen Sätzen von vielen klugen Menschen. Was läge da näher, als Bücher zu nehmen. GPT wurde laut OpenAI unter anderem mit zwei «internetbasierten Buch Korpora» trainiert, die man «Books1» und «Books2» nennt. Das sind riesige Textsammlungen mit Millionen von Büchern und Artikeln. Auch solchen, die vergriffen, schwer zu beschaffen und kostenpflichtig sind. Bei vielen dieser Datenquellen, die seit 2008 online sind, wird von Wissenschaftlern vermutet, dass sie auch verbotenerweise urheberrechtlich geschütztes Material enthalten. Der europäische Schriftstellerverband spart deshalb nicht mit deutlichen Worten: «Der Erfolg der generativen KI im Buchbereich basiert auf Diebstahl.» Für den Verband ist klar: «Ohne rechtliche Regulierung beschleunigen und ermöglichen generative Technologien die Ausweitung der Ausbeutung, die Legitimierung von Urheberrechtsverletzungen, Klimaschädigung, Diskriminierung, Informations- und Kommunikationsverzerrung, Identitätsdiebstahl, Rufschädigung, Blacklisting, Tantiemenbetrug und Betrug bei der kollektiven Lizenzvergabe.»

Das ist eine Ansage. Leider keine, die bislang bei den Technologiefirmen ankommt. Oder bei den Nutzerinnen und Nutzern. Elon Musk hatte angekündigt, alle Daten der Plattform X, ehemals Twitter, als Trainingsmaterial für seine eigene künstliche Intelligenz zu nutzen. Das beinhaltet wahrscheinlich Milliarden von Fotos, Texten, Videos, manchmal ohne rechtliche Grundlage hochgeladen. Nach den Nutzungsbedingungen ist Musks Vorhaben auch gar kein Problem, denn fast alle Nutzenden ignorieren fast immer: Technologiefirmen lassen sich weitreichende Rechte an allen Daten garantieren, die Nutzende über ihre Plattform fließen lassen. Die Social-Media-Plattformen selbst verbieten übrigens, dass ihre Daten automatisch ausgelesen und gespeichert werden. Sie scheinen mehr Ahnung davon zu haben, wie hoch der Wert von Daten ist. In einer aufwendigen Analyse hat die Washington Post den kompletten Trainingsdatensatz Google C4 untersucht, mit dem etliche große Sprachmodelle, darunter LlaMA von Facebook, trainiert wurden. Darunter waren die New York Times, The Guardian, Wikipedia, Kickstarter, Patreon, aber auch die russische Propagandamaschine RT oder das ultrarechte Netzwerk Breitbart, sowie unzählige Privat-Blogs, in denen unter anderem die Black Lives Matter Bewegung für Antisemitismus in den USA verantwortlich gemacht wird.

Das macht einerseits deutlich, dass jedes Basismodell im Kern auch auf widersprüchlichen, in manchen Ländern womöglich illegalen oder problematischen Inhalten basiert. Vor allem aber zeigt es, mit welcher Akribie dieser riesige Staubsauger die Inhalte des freien Internets eingesaugt hat, ohne dabei auf Urheberrechte, Kontexte, faire Bezahlung Rücksicht zu nehmen. Über 200 Millionen Mal wurde das Copyright-Symbol bei Datenquellen gefunden. Und ignoriert. Die Klärung möglicher Ansprüche der Urheberinnen und Besitzer dieser Inhalte wird die Gerichte noch etliche Jahre beschäftigen. So verklagte etwa die New York Times OpenAI und Microsoft im Dezember 2023 und argumentierte, dass diese Millionen von Artikeln unrechtmäßig als Trainingsmaterial genutzt hätten.

Ähnlich sieht es beim Training von Bildmodellen aus: So klagte die Bilddatenbank Getty Images gegen Stability AI, diese hätte unrechtmäßig Millionen von Bildern von ihrer Website zu Trainingszwecken gespeichert. Der Verstoß gegen die Nutzungsbedingungen war aufgefallen, weil Stability AI Bilder generiert hatte, die das typische Wasserzeichen von Getty verzerrt enthielten – ein klarer Hinweis darauf, dass der Algorithmus glaubte, zu einer bestimmten Sorte Bild gehöre ein solches Wasserzeichen dazu.

Viele Datenbanken wachsen einfach dadurch, dass Programme automatisch durch das Internet fliegen und die

Inhalte von frei verfügbaren Websites aufsaugen (scrapen). Wenn sich ganz besondere Inhalte in Trainingsdaten wiederfinden, fällt das selten auf. In den meisten Fällen wird der Diebstahl unbemerkt bleiben. Die Vertretungsorganisationen von Fotografen, Autorinnen oder anderen Kreativschaffenden schlagen deshalb Alarm. Zu Recht wie ich finde. Wenn ein Magazin wie brand eins oder eine Zeitung wie die Frankfurter Allgemeine ein Foto oder eine Illustration verwendet, kauft sie für diese Verwendung die Rechte ein. Meist sind diese Rechte für einen besonderen Einsatzzweck oder sogar Zeitraum limitiert. So verdienen der Fotograf oder die Illustratorin Geld. Warum sollte es Technologiefirmen gestattet sein, genau diese Inhalte zu verwenden, ohne dafür zu zahlen? Es ist ja auch nicht so, dass es in diesem Fall einen Armen treffen würde! Als Lösung werden aber nur kleine Trostpflaster gehandelt. So kündigte Shutterstock, der amerikanische Anbieter von Stockfotos und -videos, eine Partnerschaft mit OpenAI und ein neues Tool an, das Bilder nach Textanweisungen erstellen kann. Shutterstock wollte damit «einen Fonds zur Entschädigung von Künstlern» einrichten, die «zur Entwicklung der KI-Modelle beigetragen haben». Das erinnert mich daran, dass Tech-Gründer (ja, leider meist Männer) zu den stärksten Verfechtern eines Grundeinkommens zählen, da sie wohl davon ausgehen, dass die meisten Jobs auf dieser Erde früher oder später aufgrund ihrer eigenen Geschäftstätigkeit obsolet sein werden.

Deine Daten – dein Glück

Ich unterhielt mich mit der Managerin eines US-Unternehmens über die Frage, wie wir das Thema Datenschutz zukünftig betrachten müssen. Sie rollte ein wenig mit den Augen und erklärte mir, dass dies die Standardsorge aller Deutschen sei. Für sie in den USA sei das nicht immer verständlich. So gäbe es in ihrem Unternehmen ein internes Bewertungssystem für die eigene Arbeit, das man freiwillig nutzen könnte. Sie zum Beispiel aktiviere es gerne, weil sie dadurch wichtige Erkenntnisse bekäme, zum Beispiel, dass sie immer häufiger zu spät zu Meetings komme und sich in letzter Zeit zu wenig Fokus-Zeit eingestellt habe. Diese Art der Beobachtung ihrer Arbeit und der Hinweise des Systems empfinde sie als Bereicherung und Hilfe.

Solche Optimierungssysteme des internen Workflows und der persönlichen Arbeit gibt es nicht überall, mancher Betriebsrat dürfte damit ein Problem haben. Was es aber überall gibt, ist Office-Software. Besonders Microsoft Office ist verbreitet. Mit Copilot hielt nun eine Version Einzug in deutsche Büros, die mehr Potenziale von KI nutzen will. Nicht umsonst hat das Unternehmen alleine in OpenAI Milliarden Dollar investiert. Copilot hat die Arbeitswelt jetzt schon revolutioniert, obwohl es noch am Anfang steht. Denn sind wir mal ehrlich: Nichts ist langweiliger und dröger, als die meisten Aufgaben, die wir mit Office-Software erledigen: Einladungen zu internen Mar-

Ich kenne niemanden, der nicht für solche Effizienzgewinne gerne seine Daten zur Verfügung stellen würde.

keting-Meetings, Zusammenfassungen der Besprechungen hinterher, Präsentationen, die exakt so aussehen wie die im vergangenen Jahr, dabei allerdings ein paar neue Daten beinhalten, Analysen von endlosen Excel-Tabellen oder standardisierte Antworten auf dumme E-Mail-Anfragen aus der dritten Etage. Das Versprechen von Copilot: Diese Aufgaben kann genauso gut die künstliche Intelligenz erledigen. Ein Prompt genügt: «Fasse mir die Auffälligkeiten in diesem Quartalsbericht als Text zusammen.» «Erstelle eine Präsentation aus den Daten in dieser E-Mail.»

Ich gebe zu, das ist eine verführerische Erleichterung und eine echte Zeitersparnis. Wie wir wissen, ist künstliche Intelligenz dann besonders gut, wenn sie über viele Daten verfügt. Wenn ein Unternehmen also einen gut funktionierenden Copilot (oder alternative Lösungen von anderen Anbietern von Office-Software) haben möchte, muss es dieser Software entsprechende Daten zur Verfügung stellen. Um es deutlicher zu sagen: Ich kenne niemanden, der nicht für solche Effizienzgewinne gerne seine Daten zur Verfügung stellen würde. Dabei geht es um unterschiedliche Kategorien von Daten. Einmal solche, die das KI-System braucht, um sich selbst zu verbessern. Und dann sind da noch die Daten, die unbedingt innerhalb des Unternehmens benötigt werden, weil sie die Basis für Analysen sind. All die Tabellen, Geschäftsberichte, E-Mails, Mitarbeiterdaten, Textdokumente, Geschäftsberichte, Kundeninformationen, Lieferantenbewertungen oder Metadaten über Benutzung von Systemen. Das bringt einige Herausforderungen mit sich. So müssen Unternehmen sicherstellen, dass alle Menschen, deren Informationen betroffen sind, genau Bescheid wissen, welche Arten von Daten gespeichert und von KI-Systemen analysiert werden. Ich sehe bereits eine Flut an Updates zu internen Datenschutz-Regelungen, Lieferanten-Vereinbarungen und AGB vor mir. Denn eins ist klar: Ein gutes Wirtschaftsunternehmen kann gar nicht anders, als dem Wettbewerb zu folgen und solche effizienten Systeme auch einzusetzen.

Eine zweite Herausforderung sind die Menschen. So ist ein System, das die Arbeitseffizienz aller Mitarbeitenden misst, immer am Durchschnitt orientiert. Was aber, wenn jemand nicht in diesen Durchschnitt fällt? Etwa die Kollegin mit Rheuma-Attacken, die manchmal tagelang gar nicht arbeiten kann und dann wieder Zeiten hat, in denen sie zwölf Stunden am Tag arbeiten möchte. Wird sie vom System ermahnt, regelmäßiger zu arbeiten? Oder der Kollege, der aus Datenschutzgründen seine Daten gar nicht erfasst haben möchte. Macht er sich dann von vornherein verdächtig und zu einem schlechteren Mitarbeiter?

Eine dritte Herausforderung sind die Analysen selbst. Denn auch die besten Systeme haben Schwächen. Und wie wir wissen, stecken in allen Trainingsdaten aller KI-Modelle bisher unerkannte Vorurteile, falsche Prioritäten, fehlende Aspekte. Doch je etablierter KI-Analysewerkzeuge im Arbeitsumfeld werden, desto normaler wird es auch, den Vorschlägen und der Expertise der Systeme zu folgen. In vielen Unternehmen herrscht sowieso die Kultur, sich grundsätzlich innerhalb der Hierarchie oder durch externe Berater abzusichern. In einer solchen Kultur wird es kein

Mensch wagen, den Vorschlag eines KI-Systems zu bezweifeln und anders zu handeln. Denn ginge etwas schief, würde es auf die eigene Person zurückfallen. Wenn hingegen das System einen Fehler macht, trifft es zumindest keinen einzelnen Mitarbeiter. Ich muss immer lachen, wenn ich in Marketing-Publikationen den Satz lese: «In letzter Instanz entscheidet immer ein Mensch.» Man zeige mir die Bankberaterin, die in letzter Instanz entscheidet, einer Kundin doch den Kredit zu geben, obwohl die KI ihn vorher abgelehnt hat.

Wir werden also in naher Zukunft sehr viel mehr unserer persönlichen Daten, aber auch unserer Arbeitsergebnisse den Systemen zur Analyse zur Verfügung stellen. Und wir werden dagegen nicht rebellieren, denn das würde als fast revolutionärer Akt gegen die Effizienz gesehen werden. Aber warum sollten wir auch aufbegehren? Selbst in unserem Privatleben werden wir freimütig Daten hergeben, um in den Genuss der vielfältigen Vorteile von synthetischen Medien und KI-gestützten Dienstleistungen zu kommen. Ich nehme mich als schlechtes Beispiel. Ich trage eine Apple Watch, die aufzeichnet, welche Temperatur an meinem Handgelenk herrscht, wie viel ich mich bewege, wann ich esse, wann ich sitze, wann ich Sex habe. Ja, ich gehe sogar so weit, manchen Apps den Zugang zu diesen Daten zu gewähren, ohne zu wissen, wo diese Daten landen. Tatsächlich kann ich mir ziemlich sicher sein, dass der ein oder andere Datensatz in Zukunft von irgendeinem Server gestohlen, von irgendeinem gescheiterten Start-up verkauft oder von einem frustrierten Mitarbeiter mitgenommen wird. Warum mache ich das? Ich mache es, weil in der Analyse dieser Daten ein Vorteil für mich steckt. Die eine App zeigt mir, welches Verhalten mich besser schlafen lässt. Eine andere App analysiert, zu welchen Tageszeiten ich am effektivsten Sport machen kann. Und wieder eine andere warnt mich davor, dass mein Immunsystem nicht allzu stabil sein könnte.

Start-ups aus den USA bieten Produkte wie Rewind an, das 24 Stunden lang alles aufzeichnet, was seine Besitzer sehen, sagen und hören, aber natürlich auch speichert, was andere Leute in ihrer Nähe sagen. Die Daten werden in Texte transkribiert, und mittels künstlicher Intelligenz kann man seinem eigenen Leben Fragen stellen. «Wann habe ich zum ersten Mal Holger Volland getroffen?» Die App wird antworten: «Das war am 13. August 2023. Ihr hattet ein Abendessen um 19:00 Uhr und unterhieltet euch über Ferienorte.» Ich weiß nicht, ob es dieses Start-up noch gibt, wenn du dieses Buch liest. Vielleicht ist es ein Multi-Milliarden-Konzern geworden, vielleicht ist es schon nicht mehr existent. Aber ich weiß, dass es noch viele solcher Firmen und Produkte geben wird und wir uns daran gewöhnen werden. Warum? Weil wir ein Interesse daran haben, unser Leben zu optimieren. Ich sehe es vor mir. An dieser Stelle wird der ein oder die andere den Kopf schütteln und sagen: «Ich nicht. Das mache ich nicht mit.» Dann bitte ich dich, eine Liste mit Unternehmen zu machen, mit denen du bereits in das Geschäft Daten gegen Dienstleistung eingestiegen bist: Meta mit WhatsApp, Instagram oder Facebook könnte darunter sein. Samsung mit einem Smart-

Fernseher. Vielleicht das neue Handy mit dem Betriebssystem von Google. Oder aber Apple, weil es dein iPhone hergestellt hat. Vielleicht ist es aber auch dein Einzelhändler, dessen Kundenkarte du benutzt, oder womöglich sogar ein großer Anbieter, wie die Deutschlandcard. Du siehst, das Geschäft ist gar nicht so neu, und wir haben keine Probleme damit, Daten herauszugeben. Eine kleine Notiz am Rande: Die vielen Milliarden Menschen, die gerade Textgeneratoren, Bildgeneratoren oder andere KI-Anwendungen ausprobieren, tun dies meist in vollem Bewusstsein, dass ihre Eingabedaten und die Outputs zum Verbessern der Systeme genutzt werden.

Das Verwirrende ist: Daten herauszugeben, ist nicht nur schlecht. Es kann auch dabei helfen, bessere Systeme zu schaffen, die weniger Vorurteile beinhalten, leistungsfähiger sind und womöglich anderen zu einem dramatisch viel besseren Leben verhelfen. Darin kann eine Chance liegen, aber auch die Gefahr, durch Technologieunternehmen manipuliert zu werden. Vereinfacht gesagt braucht jedes System echte Daten, um sie besser von falschen unterscheiden zu können. Je mehr Fotos ein Algorithmus analysiert hat, desto besser wird er in der Lage sein, reale Menschen von synthetisch erzeugten zu unterscheiden. Je mehr Fakten ein Sprachmodell über mich als Nutzer kennt, desto eher wird es in der Lage sein, Falschbehauptungen zu meiner Person richtigstellen zu können. Je besser Microsoft deinen E-Mail-Verkehr, deine Kontakte und deine Kommunikationsweisen kennt, desto eher wird ein Programm wie Outlook in der Lage sein, eine Phishingmail zu identifizieren, selbst wenn es personalisiert ist. Datengesteuerte Services könnten sich als beste Unterstützung im Kampf um authentische Informationen herausstellen – aber der Preis ist hoch.

Was geschieht mit den gesammelten Daten? Könnten sie dazu verwendet werden, uns in noch komplexere Filterblasen zu stecken oder uns manipulative Inhalte zu liefern, die als authentisch getarnt sind? Wie werden sie geschützt? Wem gehören die Daten? Ein Dilemma entsteht: Wie viel von unserer Privatsphäre sind wir bereit zu opfern, um uns in einer Welt der KI-generierten Informationen sicherer zu fühlen? Und wie sicher können wir sein, dass die Daten, die wir preisgeben, in sicherem Gewahrsam sind?

Zum Glück gibt es den gesunden Menschenverstand, Organisationen wie Algorithm Watch, die Europäische Union und den deutschen Skeptizismus, die uns davor schützen können. Die Frage, wie der Datenschutz in der Zukunft aussehen wird, muss unsere Debatten in der Politik, vor allem aber unsere Verhandlungen mit den Technologiekonzernen bestimmen und ist für mich eine der spannendsten und dauerhaftesten Verhandlungen des digitalen Zeitalters.

Welche Zukunft bekommen wir?

Die Zeitenwende startete im November 2022, als die ganze Welt über etwas zu sprechen begann, das langweiliger nicht daherkommen könnte. Eine Webpage mit einem Eingabefeld. ChatGPT wurde der Öffentlichkeit vorgestellt als Chat-Interface, mit dem jeder Mensch das Sprachmodell GPT nutzen konnte. Ein halbes Jahr später, im Mai 2023, zählte die Seite schon 1,8 Milliarden Besuche pro Monat, kein halbes Jahr später nutzten 100 Millionen Menschen pro Woche den Dienst. Nie zuvor hatte eine vergleichbare Anwendung schneller eine solche Verbreitung erreicht. Der Grund für den Erfolg? ChatGPT war die erste Maschine der Menschheit, die vermeintlich alles weiß und von allen verwendet werden kann. Die allwissende Maschine. Wird das Unternehmen OpenAI seine Poleposition lange halten können? Ich bezweifle es, denn der Markt ist in Bewegung, reicht von innovativen Start-ups bis hin zu etablierten Technologiegiganten und wächst jeden Tag schneller. Statista schätzt das Geschäftspotenzial der generativen KI auf knapp 200 Milliarden Euro bis 2030. Neben dem Newcomer OpenAI kam schnell Google als weiteres Schwergewicht. Seine Modelle sind vielseitig und können mit dem gesamten Google-Datenschatz im Hintergrund beim Training aus dem Vollen schöpfen. Zurückblickend wirkt es fast schon wie Hellseherei, dass Google bis zum Jahr 2019 über 40 Millionen Bücher weltweit in mehr als

Denn bei aller
Zurückhaltung der
vergangenen Jahre
in der Digitalisierung
sind wir nicht
chancenlos in diesem
Spiel.

400 Sprachen digitalisiert hatte. Es würde mich wundern, wenn dieser Schatz nicht perfekt geeignet wäre, um Sprachmodellen Weltwissen zu vermitteln. Auch Meta beschäftigte sich schon jahrelang mit Sprachmodellen, ebenso Apple, in China Baidu oder Tencent. Aber die Bühne gehört nicht nur den etablierten Playern. Start-ups wie Midjourney und Stability AI brachten frischen Wind in den Markt der Bildgenerierung.

Die rasanteste Umsatzsteigerung zu Beginn machten allerdings noch nicht die Firmen mit ihrer KI, sondern ein Unternehmen im Hintergrund: Nvdia. Das ist ein Entwickler von Grafikprozessoren und Chipsätzen und liefert damit die Hardware, von der so ziemlich jedes KI-Unternehmen abhängig ist. Der Quartalsumsatz von Nvdia steigerte sich zwischen Oktober 2022 und Oktober 2023 von 5,93 Milliarden Dollar auf satte 18,12 Milliarden Dollar.

Doch wer sich die Landkarte der Investitionen in künstliche Intelligenz ansieht, erkennt schnell: Deutschland findet hier kaum statt. So lagen die privaten Investitionen zwischen 2013 und 2022 etwa in den USA bei 248 Milliarden Dollar, in China bei 95 Milliarden. Deutschland befindet sich in diesem Ranking auf Platz 7 mit gerade einmal 6,99 Milliarden. Warum? Üblicherweise wird eine Reihe von Faktoren genannt: traditionelle Industriestrukturen, konservative Investitionsmentalität, regulatorische Hürden, fehlende Fachkräfte, Konkurrenz durch andere Länder, Unterfinanzierung des Bildungssystems, kulturelle Faktoren.

Das klingt deprimierend. Ist aber kein Grund, sich geschlagen zu geben. Denn bei aller Zurückhaltung der vergangenen Jahre in der Digitalisierung sind wir nicht chancenlos in diesem Spiel. Was mir vor allem Hoffnung macht, ist unsere Fähigkeit, neue Anwendungsfelder für etablierte Industrien zu finden. Jarosław Kutyłowski, der CEO der Übersetzungssoftware DeepL, einer deutschen Unicorn-Gründung mit einem Wert von mehr als einer Milliarde Euro, bestätigt im Interview meine Vermutung: «Deutschland hat ein enormes Potenzial – hier leben viele talentierte und erfahrene Forscher, Ingenieure und Unternehmer. Es gibt zahlreiche aufstrebende Technologieunternehmen mit Sitz in Deutschland, die Innovationen vorantreiben und erstklassige KI-Lösungen produzieren. Gleichzeitig gibt es in Deutschland große, alteingesessene Industrieunternehmen, die sich digitalisieren wollen. Die Möglichkeiten im Bereich der Technologie sind also grenzenlos.» Doch sieht er solche Gründungen nicht als Selbstläufer. Ohne Bewegung in der Politik würde nichts passieren. «Wir sollten hier Anreize für Unternehmen schaffen, in Forschung und Innovation zu investieren, und darüber hinaus eine stärkere Verbindung zwischen deutschen Hochschulen und Unternehmen herstellen, um die produktorientierte Forschung in der Wissenschaft zu stärken.»

Wenn wir es also gut machen, knüpfen wir an Spezialisierungen an, die auf Deutschlands industrielle Stärken wie den Maschinenbau oder fortschrittliche Produktionstechnik zurückgehen. In der akademischen Welt blüht die Forschung, angestoßen durch respektable Institutionen wie das Max-Planck-Institut für Informatik oder das Deutsche Forschungszentrum für Künstliche Intelligenz

(DFKI). Und die Bundesregierung hat erkannt, dass in diesem Rennen strategische Planung auf höchster Ebene erforderlich ist. Neben überschaubaren Investitionen fördert sie Partnerschaften zwischen der öffentlichen Hand und der Privatwirtschaft. Natürlich kommt auch dem Mittelstand eine besondere Rolle zu. Als Rückgrat der deutschen Wirtschaft zeigt er ein wachsendes Interesse an KI in der Automatisierung, aber auch bei der Entwicklung von Branchen GPTs. Dabei handelt es sich um Hybride aus leistungsfähigen Basismodellen, denen eine Spezialisierung, etwa aus der Chemieindustrie, antrainiert wurde. Eine weitere Anwendung sind KI-Modelle, die leistungsfähige Tools für den Schutz und die Abgrenzung hochsensibler Daten liefern, etwa aus Unternehmen oder Sektoren, wie dem Gesundheitsbereich. Es ist also durchaus vorstellbar, dass gerade unser oft als Nachteil bezeichnetes Beharren auf Datenschutz und Datensicherheit hier zu einem industriellen Vorteil für uns wird.

Und es ist ja nicht so, dass nur die Betreiber eines Chatbots Geld verdienen können. Wertschöpfung auf Basis synthetischer Medien kann an vielen Stellen erfolgen. Zum Beispiel bei den Herstellern der nötigen Hardware: Der Bedarf an Technik für Computer, Server, Netzwerke wird in den kommenden Jahren stark anwachsen. Und warum sollen Patente, Bauteile, Fabriken oder Maschinen zur Herstellung dafür nicht auch aus Deutschland kommen? Offensichtlich sind die Erlöse, die Betreiber großer Basismodelle erzielen können, wenn sie KI als Basis für eigene Dienste im Hintergrund von Office-, Produktivitäts- oder

Gestaltungssoftware einsetzen, auch als Lizenz. Momentan sind das vor allem die bekannten Technologiekonzerne. Aber in einer weiteren Evolutionsstufe von künstlicher Intelligenz werden auch solche Unternehmen verdienen, die Basismodelle mit großen Datenmengen oder sogar segmentspezifischen Daten verknüpfen können, um dadurch Industrieanwendungen oder Branchenlösungen zu entwickeln. Sie sorgen dann beispielsweise dafür, dass Menschen in einer Fabrik mit Produktionsrobotern per menschlicher Sprache interagieren. Auf einer vierten Stufe schließlich können die Unternehmen mitverdienen, die solche Systeme für sich arbeiten lassen und auf dieser Basis dann die gesamte Bandbreite an Dienstleistungen von Webdesign über medizinische Hilfsdienste bis zur Steuerberatung anbieten. Theoretisch sind die Möglichkeiten, mit kreativer KI Geld zu verdienen, also schier unbegrenzt.

Um den Heraus-
forderungen von
künstlicher Intelligenz
zu bestehen, brauchen
wir viel mehr Lust
am Neuen.

Was muss sich ändern?

Praktisch steht dem aber ein Mindset entgegen, das uns an so vielen Stellen in Unternehmen, in der Politik, auf der Straße oder sogar in uns selbst begegnet. Die Angst vor dem Unbekannten und das Festhalten am Status quo. Um den Herausforderungen von künstlicher Intelligenz zu bestehen, brauchen wir viel mehr Lust am Neuen. Denn die Herausforderungen werden in jedem Fall unglaublich groß. Von den persönlichen Anforderungen an Wissenserwerb, dem Erlernen neuer Fähigkeiten und Offenheit gegenüber neuen Technologien war in diesem Buch häufig die Rede. Doch es geht nicht nur um uns als Userin, Arbeiter oder Konsumentin. Der Arbeitsmarkt wird sich durch die Entwicklungen der vergangenen Jahre noch schneller verändern, als dies zu Beginn der Ära künstlicher Intelligenz abzusehen war, die ja schon lange andauert. Denn mit ChatGPT wurde der Bann zur Massenanwendung dieser Technologien gebrochen. Seit November 2022 kann es sich kein Technologieunternehmen mehr erlauben, nicht in die Entwicklung und schnelle Veröffentlichungen eigener Modelle zu investieren. OpenAI trieb immerhin Google und Meta vor sich her.

Seit November 2022 kann es sich auch kein Staat mehr erlauben, diese Entwicklungen zu ignorieren. Wettbewerb und Markt haben das Steuer übernommen und eine ganz neue Geschwindigkeit eingelegt. Welche Macht übernommen hat, und welche Werte auf der Strecke bleiben, konnte man an einem kurzen, wagemutigen Intermezzo zum Jahresende 2023 sehen. Sam Altman, der erfolgreiche CEO von OpenAI, wurde überraschend zum Ende einer Arbeitswoche von seinen Pflichten entbunden. Seinen Rausschmiss verantwortete der Verwaltungsrat, der, unüblich für eine solche Technologiefirma, eine Non-Profit-Strategie vertritt. Obwohl kaum etwas an die Öffentlichkeit drang, berichteten viele Quellen davon, dass es immer häufiger zu einem Kampf zwischen der Kommerzialisierung von künstlicher Intelligenz und der ursprünglichen Mission von OpenAI gekommen war, die Technologie zum Wohle der Allgemeinheit und als Open Source zu entwickeln. Altman stand für Kommerzialisierung, die Ratsmitglieder für die Menschheit. Sie hatten womöglich befürchtet, dass aufgrund des riesigen Erfolges von ChatGPT nicht mehr das Wohl aller an erster Stelle stand. Nach etlichen Volten über das Wochenende kehrte schließlich der CEO Altman zurück, und die ihm eigentlich übergeordneten Verwaltungsratsmitglieder wurden gefeuert. Das ist die neue Geschwindigkeit, das ist der Wettbewerb, über den wir jetzt reden.

In einer solchen Zeit brauchen wir mehr Mut, beherzte Lust am Entdecken und einen offenen, wachsamen Blick für Chancen und Ungerechtigkeiten. Und wir brauchen mehr Ehrlichkeit. Wir werden offen darüber reden müssen, dass viele Firmen, viele Arbeitnehmerinnen und Arbeitnehmer, die nicht mit dieser Technologie umgehen können, ihren Platz in der Wirtschaft verlieren. Ich glaube fest daran, dass wir langfristig durch künstliche Intelligenz

Aber wir können es
uns auch nicht leisten,
nicht mitzumischen.

mehr Jobs schaffen als wegfallen werden. Doch das Entscheidende wird der Zeitraum dazwischen sein: Es wird etliche Jahre geben, in denen vielleicht für Millionen Menschen die ökonomische Grundlage ihrer eigenen Arbeit infrage steht. Wir werden viele neue Arten von Unternehmen, Start-ups und Jobs ausprobieren müssen. Und ja, nicht alle werden es schaffen.

Aber wir können es uns auch nicht leisten, nicht mitzumischen. Wir werden uns von dem Gedanken verabschieden müssen, dass unser eigener Job, unsere Wirtschaft schon halbwegs sicher sind. Der Ruf nach Weiterbildung gilt nicht nur für die einzelne Person: Bildung, Umschulung, Weiterbildung und Qualifizierung im unternehmerischen Maßstab sind die sicherste Zukunftsinvestition. Nebenbei gesagt, steckt hierin auch ein großer Teil neuer Wertschöpfung. Denn es geht ebenso darum, Kindern den Umgang mit synthetischen Medien und künstlicher Intelligenz beizubringen, wie Vorständinnen, Aufsichtsräten, Fabrikarbeitern oder Steuerberaterinnen. Wir werden also mehr investieren müssen. In Bildung, in Wissenschaft, in Technologie in den Unternehmen. Wir werden in Systeme und Geschäftsmodelle investieren müssen, die der Flut der Daten nicht nur standhalten können, sondern sie kanalisieren und lenken.

Die Zukunft hat gerade begonnen. Sie birgt Gefahren und gewinnträchtige Geschäfte. Wir haben es in der Hand, KI und synthetische Medien für eine bessere Zukunft zu nutzen.

Quellennachweise

Die Flut kommt

https://storage02.forbrukerradet.no/media/2023/06/generative-ai-rapport-2023.pdf

https://www.europol.europa.eu/cms/sites/default/files/documents/Europol_Innovation_Lab_Facing_Reality_Law_Enforcement_And_The_Challenge_Of_Deepfakes.pdf

https://www.nature.com/articles/d41586 –023–02990-y#ref-CR1

https://arxiv.org/pdf/2306.11503.pdf

https://enlets.eu/wp-content/uploads/2021/11/Final-Synthetic-Reality-Deep-fakes-Impact-on-Police-Work-04.11.21.pdf

https://www.europarl.europa.eu/RegData/etudes/BRIE/2023/751478/EPRS_BRI(2023)751478_EN.pdf

https://cifs.dk/news/what-if-99-of-the-metaverse-is-made-by-ai

https://de.statista.com/statistik/daten/studie/77761/umfrage/ausgaben-der-deutschen-verbraucher-im-b2c-e-commerce/

https://www.newsguardtech.com/misinformation-monitor/june-2023/

https://de.statista.com/statistik/daten/studie/71251/umfrage/einsatz-von-social-media-durch-unternehmen/

https://europeanwriterscouncil.eu/gai-is-based-on-theft/

Was ist noch wahr?

https://www.statista.com/statistics/1386786/generative-ai-marketing-purposes-usa/

https://de.statista.com/statistik/daten/studie/1311613/umfrage/anteil-des-werbeumsatzes-nach-unternehmen-weltweit/

https://www.europarl.europa.eu/news/de/headlines/society/20230601STO93804/ki-gesetz-erste-regulierung-der-kunstlichen-intelligenz
https://www.whitehouse.gov/briefing-room/statements-releases/2023/10/30/fact-sheet-president-biden-issues-executive-order-on-safe-secure-and-trustworthy-artificial-intelligence/
https://www.sciencemediacenter.de/alle-angebote/research-in-context/details/news/effekt-von-faktenchecks-auf-falschwahrnehmungen-zu-covid-19/
https://nytco-assets.nytimes.com/2023/12/NYT_Complaint_Dec2023.pdf

Welche Zukunft bekommen wir?

https://de.statista.com/outlook/tmo/kuenstliche-intelligenz/generative-ki/weltweit#marktgroesse
https://de.statista.com/statistik/daten/studie/1321707/umfrage/private-investitionen-in-ki-in-ausgewaehlten-laendern/

Originalausgabe
Veröffentlicht im Rowohlt Verlag, Hamburg, Juni 2024

Lektorat Gabriele Fischer
Faktencheck Katja Ploch
Projektmanagement Hendrik Hellige

Covergestaltung Mike Meiré / Meiré und Meiré
Satz aus der Sabon bei Pinkuin Satz und Datentechnik, Berlin
Druck und Bindung GGP Media GmbH, Pößneck
ISBN 978-3-98928-014-4

FSC
www.fsc.org
MIX
Papier | Fördert
gute Waldnutzung
FSC® C014496